Contrato de transporte de viajeros por carretera

avanza editorial

Editado por:
EDITORIAL FAE, S.L.U.
Correo electrónico: editorial@editorialfae.com

Contrato de transporte de viajeros por carretera
Beatriz Coronado García

1ª Edición

Se ha puesto el máximo empeño en ofrecer a la persona lectora una información completa y precisa. Sin embargo, Editorial FAE, S.L.U., no asume ninguna responsabilidad derivada de su uso ni tampoco de cualquier violación de patentes ni otros derechos de terceras partes que pudieran ocurrir. Esta publicación tiene por objeto proporcionar unos conocimientos precisos y acreditados sobre el tema tratado. Su venta no supone para el editor ninguna forma de asistencia legal, administrativa o de ningún otro tipo.

ISBN: 978-84-1135-384-7

Impreso en España

Índice

U. A. 3. Identificación de los derechos y obligaciones de los contratantes

Aplicaciones prácticas

Ejercicio de evaluación final

Solucionario

Bibliografía

U. A. 1. Conocimiento del contrato de transportes: ideas generales

Introducción

El contrato de transporte de viajeros por carretera constituye una herramienta jurídica esencial para regular una actividad que forma parte de la vida cotidiana: el traslado de personas de un lugar a otro. Aunque a menudo se materializa en un simple billete, este documento refleja un acuerdo con efectos legales, donde el transportista se compromete a prestar un servicio en condiciones de seguridad y puntualidad, y el viajero adquiere derechos y deberes específicos.

La importancia de este contrato no se limita al plano privado, sino que también se proyecta en el ámbito público. La Ley de Ordenación de los Transportes Terrestres (LOTT) y su normativa complementaria garantizan que el transporte se realice bajo criterios de legalidad, igualdad, seguridad y protección del usuario. Así, se equilibran los intereses de las empresas de transporte y de los pasajeros, reforzando el carácter de servicio público que caracteriza a esta actividad.

Comprender las bases del contrato de transporte permite reconocer su doble dimensión: como acuerdo entre transportista y viajero, y como instrumento regulado en beneficio del interés general. De este modo, se establecen responsabilidades claras, mecanismos de protección frente a incumplimientos y un marco que asegura la movilidad de las personas en condiciones justas y transparentes.

Objetivos

- Definir el contrato de transporte de viajeros por carretera y explicar su naturaleza jurídica.
- Identificar los elementos esenciales del contrato: consentimiento, objeto, causa y forma.
- Distinguir entre las dimensiones privada y pública del contrato, valorando la intervención administrativa.
- Reconocer la normativa aplicable, especialmente la LOTT, su Reglamento y la normativa europea.
- Analizar las principales características del contrato: oneroso, consensual, típico, formalizado e intuitu personae.
- Valorar la función social del transporte de viajeros y su papel como servicio de interés general.
- Relacionar los derechos y deberes de las partes implicadas en la prestación del servicio de transporte.

1. Conocimiento del contrato de transportes: ideas generales

El contrato de transporte de viajeros por carretera es una figura jurídica que responde a una necesidad básica de la sociedad: la movilidad de las personas. Se trata de un acuerdo mediante el cual una de las partes, el transportista, se compromete a trasladar a los viajeros de un lugar a otro en condiciones previamente establecidas, mientras que la otra parte, los viajeros, adquiere el derecho a recibir ese servicio mediante el pago de un precio.

Desde una perspectiva práctica, este contrato no suele formalizarse en un documento extenso, sino que queda reflejado a través de soportes simplificados como el billete, que acredita tanto la existencia del acuerdo como los términos básicos que lo rigen.

Fig. 1. Aunque el formato sea sencillo, el contrato está respaldado por una regulación detallada que garantiza la seguridad jurídica de las partes y protege a los usuarios frente a posibles incumplimientos

Para entender este contrato es útil pensar en la relación que se establece entre los distintos elementos que lo integran. El viajero confía en que el transportista prestará el servicio de manera puntual y segura; el transportista, por su parte, tiene derecho a recibir la contraprestación económica y a que los pasajeros respeten las condiciones de uso del servicio.

Cuando se observa la dinámica diaria del transporte de viajeros, puede parecer que el contrato es una formalidad irrelevante. Sin embargo, su importancia radica en que permite ordenar la prestación del servicio, delimitar responsabilidades y ofrecer mecanismos de protección en caso de conflicto.

A modo de síntesis, las ideas generales que conviene retener son las siguientes:

- El contrato de transporte es un acuerdo bilateral: ambas partes asumen compromisos.
- El objeto principal del contrato es el traslado de personas de un lugar a otro a cambio de un precio.
- Su formalización se produce habitualmente mediante billetes o títulos de transporte, que cumplen una función tanto práctica como jurídica.
- La existencia de una normativa específica garantiza el equilibrio entre las partes y asegura que el servicio se preste con criterios de legalidad, seguridad y equidad.

Un pasajero adquiere un billete de autobús interurbano para viajar de Madrid a Toledo. Aunque la transacción parece limitada a la compra de un billete, en realidad se está celebrando un contrato: el transportista se obliga a realizar el traslado en las condiciones acordadas (horario, recorrido, seguridad) y el pasajero se compromete a pagar el precio y a cumplir las normas del servicio (respetar su asiento, mantener la convivencia a bordo).

1.1. Identificación de la regulación jurídica

El contrato de transporte de viajeros por carretera no se entiende sin el marco jurídico que lo respalda. La normativa establece las bases que garantizan el correcto desarrollo del servicio y la protección de las partes implicadas. A diferencia de un simple acuerdo verbal, este contrato está sometido a reglas específicas que otorgan seguridad y transparencia.

La **Ley de Ordenación de los Transportes Terrestres (LOTT)**, junto con su Reglamento de desarrollo, constituye la principal referencia normativa en España. Esta ley establece los principios, derechos y obligaciones en el transporte por carretera, diferenciando entre transporte público y privado, y regulando aspectos esenciales como la autorización administrativa, el régimen tarifario o las responsabilidades de transportistas y viajeros.

Junto a la LOTT, existen otras normas de carácter general y sectorial que inciden en este contrato. Por ejemplo, el **Código de Comercio** y el **Código Civil** aportan principios sobre la contratación y las obligaciones en los contratos, que son de aplicación supletoria.

En determinadas circunstancias también resulta aplicable la normativa europea, especialmente el **Reglamento (UE) nº 181/2011, que regula de forma directa los derechos de los viajeros de autobús y autocar dentro de la Unión Europea**, estableciendo garantías en materia de información, asistencia en caso de incidencias, accesibilidad para personas con discapacidad y compensaciones por cancelaciones o retrasos.

Para facilitar la comprensión de este marco normativo, se puede resumir en la siguiente tabla:

Nivel normativo	Norma aplicable	Ámbito principal
Nacional	Ley de Ordenación de los Transportes Terrestres (LOTT) y su Reglamento	Regulación específica del transporte terrestre en España, incluidas las condiciones contractuales.
Nacional (general)	Código Civil y Código de Comercio	Principios generales de contratación y obligaciones contractuales.
Europeo	Reglamento (UE) nº 181/2011	Derechos de los viajeros en autobús y autocar en trayectos dentro de la UE.
Complementario	Normativa autonómica en materia de transporte	Regulación de competencias transferidas a comunidades autónomas (servicios regulares urbanos e interurbanos).

Anotación

La normativa autonómica juega un papel clave, especialmente en los servicios urbanos e interurbanos regulares, ya que muchas competencias en materia de transporte han sido transferidas a las comunidades autónomas. Esto implica que, además de la legislación estatal y europea, cada territorio puede establecer normas específicas sobre horarios, tarifas o concesiones.

1.2. Descripción del contrato de transporte en la LOTT

La **Ley de Ordenación de los Transportes Terrestres (LOTT)** constituye el marco jurídico fundamental que regula el contrato de transporte de viajeros por carretera en España. Esta norma no solo establece las condiciones bajo las cuales debe prestarse el servicio, sino que también define la naturaleza del contrato y sus características esenciales.

Fig. 2. La LOTT concibe el contrato de transporte de viajeros como un acuerdo jurídico por el cual un transportista se obliga, mediante precio, a trasladar personas de un lugar a otro, cumpliendo con las condiciones establecidas en la ley y en las autorizaciones administrativas correspondientes

De esta manera, el contrato adquiere una doble dimensión:

- **Dimensión privada**, como acuerdo entre transportista y viajero.
- **Dimensión pública**, al estar condicionado por la normativa que regula la prestación del servicio en aras del interés general.

Desde el punto de vista privado, el contrato se configura como un **acuerdo de voluntades** entre dos partes: el transportista, que asume la obligación de realizar el traslado, y el viajero, que adquiere el derecho a dicho servicio a cambio de pagar un precio. Esta dimensión refleja el carácter de **contrato consensual y oneroso**, que se perfecciona por el simple consentimiento, aunque se documente en un billete o título de transporte.

Anotación

La importancia de esta perspectiva radica en que permite a cada parte exigir el cumplimiento de lo pactado: el viajero puede reclamar que el traslado se realice en condiciones de seguridad y puntualidad, mientras que el transportista tiene derecho a percibir la retribución y a que se respeten las normas de uso del servicio.

Junto a la esfera privada, el contrato está sometido a un marco de **orden público** que limita la libertad contractual. La LOTT y su normativa de desarrollo establecen condiciones que el transportista y el viajero no pueden modificar libremente, ya que persiguen **proteger a los usuarios y garantizar la calidad del servicio**.

Ejemplos de estas limitaciones son la obligatoriedad de cumplir con horarios y rutas autorizadas en los servicios regulares, la fijación de tarifas en determinados supuestos o el cumplimiento estricto de las normas de seguridad vial y accesibilidad.

De este modo, el contrato no se agota en la relación entre transportista y viajero, sino que se integra en una **dimensión pública** que busca el equilibrio entre la libertad de contratación y la salvaguarda del interés general.

Recuerda

Aunque el contrato se genera entre dos partes, no es completamente libre, ya que está sujeto a reglas de orden público (como tarifas, horarios o requisitos de seguridad) que buscan proteger a los usuarios y garantizar un servicio adecuado.

Una de las aportaciones más relevantes de la LOTT es que establece las disposiciones generales aplicables a los contratos de transporte, diferenciando entre transporte público y privado, y señalando los supuestos en que la contratación exige autorización administrativa previa.

Para facilitar su comprensión, podemos sintetizar las principales notas del contrato según la LOTT:

- Es un contrato **oneroso**, ya que implica el pago de un precio por el viajero.
- Es un contrato **consensual**, que se perfecciona con el acuerdo de las partes (aunque se documente en un billete).
- Es un contrato **típico y regulado**, al estar definido y limitado por la legislación específica.
- Se apoya en **títulos formales** (billetes o talones de viaje) que cumplen una función probatoria y de control.

legislación

La LOTT fue aprobada por la Ley 16/1987, de 30 de julio, y ha sido objeto de sucesivas modificaciones y desarrollos reglamentarios. En ella se define el contrato de transporte y se establecen las bases generales de su funcionamiento.

En síntesis, la LOTT otorga al contrato de transporte de viajeros por carretera una regulación clara y detallada, que permite equilibrar la relación entre transportistas y usuarios, asegurando tanto la viabilidad empresarial como la protección de los pasajeros.

1.3. Explicación de los principios generales de la Ley

La **Ley de Ordenación de los Transportes Terrestres (LOTT)** establece una serie de principios generales que orientan todo el sistema de transporte por carretera en España. Estos principios no solo delimitan cómo deben prestarse los servicios, sino que también guían la interpretación de las disposiciones sobre el contrato de transporte de viajeros.

Entre los principios más destacados se encuentran los siguientes:

A. Principio de servicio público

El transporte de viajeros por carretera es considerado un servicio de interés general, lo que significa que cumple una función social esencial: garantizar la movilidad de la población. Incluso cuando la gestión la realice una empresa privada, el servicio no puede ser tratado como una mera actividad mercantil, sino que debe prestarse con criterios de continuidad, regularidad y accesibilidad.

Esto implica que el operador no puede suspender arbitrariamente un servicio por motivos de rentabilidad económica, ya que la Administración tiene potestad para imponer rutas, horarios o frecuencias que aseguren que la ciudadanía pueda desplazarse, incluso en áreas con baja demanda. También obliga a garantizar condiciones de seguridad vial, mantenimiento adecuado de vehículos y cumplimiento de normas técnicas.

B. Principio de legalidad y autorización administrativa

El acceso a la actividad de transporte de viajeros no es libre en su totalidad, sino que está regulado mediante un sistema de licencias y autorizaciones. Estas habilitaciones garantizan que los transportistas cumplen con los requisitos técnicos (vehículos homologados y seguros), económicos (solvencia mínima) y de seguridad (conductores con capacitación y descansos reglamentarios).

Este principio protege al usuario, evitando la competencia desleal y la aparición de operadores informales que puedan ofrecer servicios sin garantías. Además, permite a la Administración controlar la planificación del transporte para asegurar un equilibrio entre la oferta y la demanda.

C. Principio de igualdad y no discriminación

Todos los viajeros deben recibir el servicio en **condiciones de igualdad**, sin que existan tratos arbitrarios o discriminatorios por razones de sexo, edad, discapacidad, origen, condición social o cualquier otro factor.

Fig. 3. El principio de igualdad y no discriminación se refleja, por ejemplo, en la obligación de admitir a cualquier pasajero que cumpla con las condiciones de acceso (pago del billete, respeto a la convivencia en el vehículo)

La igualdad también se proyecta en el plano tarifario: no pueden establecerse precios distintos por criterios ajenos a los autorizados, y en el caso de descuentos o tarifas bonificadas (como las de familias numerosas, estudiantes o personas mayores), estas deben aplicarse de forma objetiva y reglamentada.

D. Principio de responsabilidad

El contrato de transporte conlleva deberes claros para ambas partes. El transportista responde de la correcta prestación del servicio, lo que incluye cumplir con los horarios, realizar el recorrido previsto y velar por la seguridad física de los viajeros durante el trayecto. Además, responde de posibles daños o incidencias, salvo causas de fuerza mayor debidamente justificadas.

Por su parte, los viajeros deben respetar las normas de uso establecidas, como ocupar su asiento, mantener el orden dentro del vehículo, no poner en riesgo la seguridad del viaje y cumplir con las instrucciones del conductor. La relación es, por tanto, recíproca: ambos actores tienen responsabilidades que garantizan la convivencia y el correcto desarrollo del servicio.

E. Principio de protección del usuario

La LOTT refuerza los **derechos de los pasajeros** mediante un conjunto de garantías que abarcan varias fases del contrato:

- **Información previa**: los usuarios deben conocer de antemano horarios, rutas, precios y condiciones de uso del servicio.
- **Seguridad en el traslado**: los vehículos deben cumplir con todas las exigencias técnicas y de mantenimiento.
- **Accesibilidad**: se deben garantizar medios adecuados para que las personas con movilidad reducida puedan viajar en igualdad de condiciones.
- **Compensación en caso de incidencias**: ante retrasos, cancelaciones o interrupciones, los pasajeros tienen derecho a reembolsos, indemnizaciones o servicios alternativos, de acuerdo con lo previsto en la normativa nacional y europea (Reglamento UE 181/2011).

Este principio evidencia que el transporte de viajeros no se centra únicamente en el traslado físico de personas, sino también en la protección integral de sus derechos como consumidores.

 Ejemplo

En un servicio regular de autobús interurbano, el operador no puede decidir libremente suspender una ruta autorizada por baja demanda, ya que prima el principio de servicio público, que obliga a mantener la prestación en beneficio de los usuarios. Asimismo, si un pasajero con movilidad reducida desea viajar, el transportista debe garantizarle el acceso en igualdad de condiciones, cumpliendo el principio de no discriminación.

Estos principios tienen carácter **vinculante**, lo que significa que prevalecen incluso frente a acuerdos privados que pretendan modificarlos. De este modo, la LOTT asegura que el transporte de viajeros cumpla una función social, más allá del simple intercambio económico.

1.4. Descripción de las características generales de los contratos. Disposiciones generales y fundamentos del contrato

El contrato de transporte de viajeros por carretera, tal y como lo contempla la **Ley de Ordenación de los Transportes Terrestres (LOTT)**, presenta una serie de características generales que permiten diferenciarlo de otros contratos civiles o mercantiles. Estas notas esenciales ayudan a comprender su naturaleza jurídica y su función práctica.

En primer lugar, se trata de un contrato **oneroso**, ya que exige el pago de un precio por parte del viajero a cambio de recibir un servicio. Esta contraprestación económica, que habitualmente se materializa en la compra de un billete, constituye la base del acuerdo: el transportista se obliga a realizar el traslado y el usuario a pagar el importe correspondiente.

En segundo lugar, es un contrato **consensual**. Esto significa que se perfecciona por el simple acuerdo entre las partes, sin que sea necesaria una formalidad adicional.

Fig. 4. El billete o título de transporte actúa como prueba documental y como instrumento de control, pero la existencia del contrato se produce desde el momento en que viajero y transportista consienten en la prestación del servicio

Otra característica relevante es que se trata de un contrato típico y regulado, es decir, está previsto expresamente en la legislación y cuenta con una normativa detallada que determina sus elementos, derechos y obligaciones. Esto limita la autonomía de las partes, ya que no pueden modificar libremente todos los aspectos del acuerdo, al estar sometidos a normas de orden público que protegen tanto al viajero como al interés general.

También es un contrato formalizado en documentos simplificados, generalmente billetes, talones o títulos de transporte, que cumplen varias funciones: acreditar la existencia del contrato, reflejar las condiciones esenciales del servicio (origen, destino, precio, horario) y servir como soporte de posibles reclamaciones o incidencias.

Finalmente, conviene destacar que es un contrato intuitu personae en relación con el viajero, ya que el derecho al transporte corresponde a la persona que adquiere el billete y no puede transferirse libremente a un tercero, salvo autorización expresa o condiciones específicas que lo permitan (por ejemplo, abonos nominativos).

Para clarificar estas características, se puede presentar un esquema comparativo:

Característica	Significado	Manifestación en el transporte de viajeros
Oneroso	Implica el pago de un precio	Compra del billete para acceder al servicio
Consensual	Se perfecciona con el acuerdo	Acuerdo entre viajero y transportista al contratar
Típico y regulado	Definido en la ley y con normas imperativas	LOTT y reglamentos limitan la autonomía de las partes
Formalizado	Se documenta de forma simplificada	Billete o talón de viaje como soporte contractual
Intuitu personae	Derecho vinculado al pasajero concreto	El billete da derecho al transporte a la persona indicada

Ejemplo

Un pasajero compra un billete de autobús para viajar de Valencia a Barcelona. Aunque el contrato se formaliza en un documento tan simple como un billete, este refleja todas las características del acuerdo: el viajero paga un precio (oneroso), el contrato se perfecciona en el momento de la compra (consensual), está regulado por la LOTT (típico), se acredita mediante el billete (formalizado) y el derecho al transporte corresponde al comprador, no a otra persona (intuitu personae).

El contrato de transporte de viajeros por carretera se apoya en los principios básicos del Derecho contractual, pero adaptados a las particularidades del transporte regulado por la LOTT. Para que este contrato exista y sea válido, deben concurrir una serie de elementos esenciales: consentimiento, objeto, causa y forma.

El consentimiento se manifiesta cuando viajero y transportista aceptan obligarse recíprocamente.

Fig. 5. En la práctica, el consentimiento se materializa al comprar un billete, bien de manera presencial, en máquinas expendedoras o a través de plataformas digitales

Aunque el acto pueda parecer automático, refleja el núcleo del acuerdo de voluntades. El objeto es siempre el traslado de personas de un punto a otro por carretera, con independencia de que se trate de un servicio regular (interurbano, urbano) o discrecional (viajes contratados para grupos, excursiones, etc.). Este objeto debe ser lícito y posible; por tanto, no puede configurarse como válido un contrato que pretenda un transporte sin autorización o que incumpla requisitos técnicos de seguridad.

La causa se entiende como la finalidad económico-social del contrato: el intercambio entre la obligación de trasladar (transportista) y el derecho a percibir un precio (viajero). Sin esta finalidad, el contrato perdería su razón de ser, ya que el transporte de viajeros está definido legalmente como actividad de carácter oneroso.

En cuanto a la forma, este contrato se caracteriza por su sencillez. No requiere formalidades complejas, pero debe documentarse en títulos de transporte (billetes, talones de viaje, abonos), que actúan como prueba de la relación jurídica. Estos documentos no son meras acreditaciones: contienen información mínima obligatoria que permite verificar el cumplimiento de la normativa.

A modo ilustrativo, se pueden comparar las exigencias formales del contrato de transporte en distintos contextos:

Elemento formal	Transporte urbano	Transporte interurbano nacional	Transporte internacional (UE)
Documento habitual	Billete sencillo o tarjeta de transporte	Billete nominativo, abono o talón de viaje	Billete internacional con condiciones específicas
Datos mínimos exigidos	Precio y zona de validez	Origen y destino, fecha, hora, asiento (si procede), precio	Origen/destino en distintos países, condiciones de asistencia en retrasos, derechos conforme al Reglamento (UE) 181/2011
Función principal	Permitir el acceso inmediato al servicio	Acreditar la relación contractual y servir de soporte en caso de reclamación	Garantizar derechos transfronterizos del pasajero y armonización normativa en la UE

Anotación

El billete o título de transporte, aunque sea un soporte simplificado, cumple funciones que trascienden lo práctico. Sirve de prueba en caso de conflicto, permite verificar que la empresa cumple con las exigencias administrativas y constituye un medio de control fiscal y estadístico para la Administración.

1.5. Descripción del contrato de Transporte de viajeros por carretera

El contrato de transporte de viajeros por carretera se define como el acuerdo jurídico por el que una parte, el transportista, se obliga a trasladar a una persona o a un grupo de personas de un lugar a otro, mediante un precio pagado por el viajero o por quien contrata el servicio. Su esencia radica en el intercambio de obligaciones: el derecho del pasajero a recibir un servicio seguro y conforme a las condiciones pactadas, y el derecho del transportista a obtener la contraprestación económica correspondiente.

Este contrato está regulado por la **Ley de Ordenación de los Transportes Terrestres (LOTT)**, que lo configura como un instrumento fundamental para garantizar la movilidad de la ciudadanía y ordenar la prestación de servicios en un sector clave para la economía y la vida social.

El alcance del contrato varía según la modalidad de transporte:

- En el **transporte regular**, los contratos se formalizan con cada viajero mediante la adquisición de un billete.

Fig. 6. Las condiciones están previamente fijadas por la Administración, que autoriza rutas, tarifas y frecuencias

- En el **transporte discrecional**, el contrato se celebra entre el transportista y un cliente colectivo (por ejemplo, una empresa que contrata un autobús para una excursión). El acuerdo se materializa en un documento de servicio, donde se detallan condiciones específicas como la duración, itinerario y precio global.

- En el **transporte urbano**, el contrato tiene un carácter más inmediato: el pasajero accede al servicio abonando el título correspondiente, generalmente un billete sencillo o tarjeta recargable.

- En el **transporte interurbano**, las condiciones están más regladas, al tratarse de recorridos más largos que requieren billetes con información más detallada (origen, destino, fecha, asiento, etc.).

- En el **transporte internacional**, el contrato adquiere una dimensión supranacional, quedando sujeto no solo a la normativa española, sino también a los reglamentos europeos y a convenios internacionales que protegen los derechos de los pasajeros en trayectos transfronterizos.

Ejemplo

Un viajero compra un billete de autobús para desplazarse de Sevilla a Granada. En ese acto sencillo se está formalizando un contrato con el transportista, donde el pasajero adquiere el derecho a viajar en las condiciones indicadas en el billete (hora de salida, asiento, precio), mientras que la empresa de transporte asume la obligación de realizar el traslado cumpliendo con la normativa vigente de seguridad, accesibilidad y horarios.

Aunque comparte elementos con otros contratos de prestación de servicios, el contrato de transporte de viajeros por carretera presenta particularidades que lo distinguen claramente y que derivan de su carácter social y de interés general.

En primer lugar, la formalización del contrato se realiza a través de documentos simplificados, principalmente el billete, que cumple funciones esenciales: acredita la existencia del contrato, fija las condiciones básicas del servicio (origen, destino, fecha, precio, asiento si procede) y constituye el soporte legal para cualquier reclamación. En los servicios discrecionales o de grupo, se utilizan otros títulos como hojas de ruta o contratos colectivos, que contienen información más detallada.

En segundo lugar, este contrato está condicionado por la intervención administrativa. No basta con el acuerdo entre transportista y viajero: el servicio debe estar autorizado, con rutas, horarios y tarifas previamente aprobados en el caso de los servicios regulares.

Fig. 7. La intervención administrativa limita la libertad de las partes, pero garantiza que se cumplan los principios de continuidad, igualdad y seguridad en beneficio del usuario

Otra particularidad es la relación directa entre transportista y viajero. A diferencia de otros contratos donde la figura del cliente y el beneficiario pueden diferir (por ejemplo, en un seguro), aquí el pasajero es al mismo tiempo la persona que recibe el servicio y quien ostenta los derechos de protección. Por eso, el contrato tiene un carácter **intuitu personae** respecto al viajero: el derecho al transporte está vinculado a la persona concreta y no puede transferirse libremente salvo en casos expresamente previstos.

Además, en el ámbito del **transporte internacional**, el contrato incorpora disposiciones derivadas del Reglamento (UE) nº 181/2011, que reconoce derechos adicionales al pasajero, como asistencia en casos de cancelación, reembolso del billete, indemnización por retrasos significativos y atención especial a personas con discapacidad o movilidad reducida. Esto otorga al contrato una dimensión supranacional que refuerza la protección del usuario.

Finalmente, debe destacarse la importancia de la responsabilidad del transportista. El contrato implica una obligación de resultado: el viajero debe llegar a su destino en condiciones de seguridad. El incumplimiento puede generar responsabilidad contractual, con indemnizaciones por daños y perjuicios, salvo en supuestos de fuerza mayor o causas no imputables al transportista.

Ejemplo

Una empresa de transporte discrecional firma un contrato con un colegio para llevar a los alumnos de excursión. El documento incluye el itinerario, horarios y precio global. Durante el viaje, los alumnos tienen derecho a las mismas condiciones de seguridad y protección que en un servicio regular, y el transportista responde frente a ellos, aunque el pago lo haya realizado la institución educativa.

U. A. 1. Conocimiento del contrato de transportes: ideas generales

Resumen

El contrato de transporte de viajeros por carretera es un acuerdo jurídico en virtud del cual un transportista se obliga a trasladar a una o varias personas de un lugar a otro, a cambio del pago de un precio por parte del viajero. Aunque en la práctica suele formalizarse mediante un billete o título de transporte, este documento tiene plena validez jurídica y refleja los derechos y obligaciones de ambas partes.

Se trata de un contrato que presenta características propias. Es oneroso, porque implica una contraprestación económica; consensual, ya que se perfecciona por el simple acuerdo de las partes; típico y regulado, pues está expresamente previsto en la normativa; formalizado, ya que se documenta en soportes simplificados como billetes o abonos; y intuitu personae, porque el derecho al transporte corresponde a la persona que adquiere el billete y no puede transmitirse libremente.

La regulación principal de este contrato en España se encuentra en la Ley de Ordenación de los Transportes Terrestres (LOTT) y en su Reglamento, que establecen las bases para la prestación del servicio, diferenciando entre transporte público y privado, y fijando condiciones obligatorias como rutas, tarifas, horarios o autorizaciones. En el ámbito europeo, el Reglamento (UE) nº 181/2011 refuerza los derechos de los viajeros en trayectos internacionales, incluyendo la asistencia en caso de incidencias, la accesibilidad para personas con discapacidad y las compensaciones por cancelaciones o retrasos.

El contrato presenta una doble dimensión. En su aspecto privado, es un acuerdo entre transportista y viajero que genera derechos y obligaciones recíprocas: el primero debe cumplir con el traslado en condiciones de seguridad y puntualidad, mientras que el segundo debe abonar el precio y respetar las normas del servicio. En su dimensión pública, está condicionado por la intervención administrativa, que garantiza el cumplimiento de principios como la igualdad de trato, la continuidad del servicio, la legalidad y la protección del usuario.

Finalmente, este contrato tiene una gran relevancia social, ya que el transporte de viajeros por carretera se concibe como un servicio de interés general. Más allá de un simple intercambio económico, asegura la movilidad de la ciudadanía en condiciones de seguridad, accesibilidad y equidad, siendo un pilar básico en la organización y regulación del transporte colectivo.

Glosario

Autorización administrativa

Permiso expedido por la Administración que habilita a una empresa o profesional para prestar servicios de transporte de viajeros, asegurando que cumple con los requisitos legales y técnicos.

Billete o título de transporte

Documento simplificado que formaliza el contrato de transporte, acreditando su existencia y las condiciones básicas del servicio (origen, destino, fecha, precio).

Contrato consensual

Contrato que se perfecciona por el simple acuerdo de voluntades entre las partes, aunque posteriormente se documente en un billete.

Contrato de transporte de viajeros

Acuerdo jurídico mediante el cual un transportista se compromete a trasladar personas de un lugar a otro a cambio de un precio.

Contrato oneroso

Contrato en el que una de las partes recibe una contraprestación económica; en este caso, el viajero paga un precio por el servicio de transporte.

Contrato típico

Aquel que está regulado expresamente en la legislación y cuenta con una normativa específica.

Intuitu personae

Característica de algunos contratos en los que el derecho adquirido está vinculado directamente a la persona contratante y no puede transferirse libremente a un tercero.

LOTT (Ley de Ordenación de los Transportes Terrestres)

Norma española que regula el transporte por carretera y establece los principios, derechos y obligaciones que rigen el contrato de transporte de viajeros.

Reglamento (UE) nº 181/2011

Disposición europea que protege los derechos de los viajeros de autobús y autocar en trayectos dentro de la Unión Europea.

Responsabilidad del transportista

Obligación de garantizar el traslado seguro y puntual de los viajeros, respondiendo de los daños o perjuicios que puedan producirse salvo en casos de fuerza mayor.

Servicio público

Actividad que, aun siendo prestada en muchos casos por empresas privadas, cumple una función social esencial al garantizar la movilidad de la población.

Transportista

Persona física o jurídica que presta el servicio de transporte, obligándose a cumplir las condiciones pactadas y la normativa vigente.

Viajero

Persona que contrata el servicio de transporte y adquiere el derecho a ser trasladada en condiciones de seguridad, puntualidad e igualdad.

Ejercicios de autoevaluación

1. ¿Qué es el contrato de transporte de viajeros por carretera?

   a) Un acuerdo verbal sin efectos jurídicos.

   b) Un acuerdo comercial sin regulación legal.

   c) Un acuerdo para el traslado de mercancías.

   d) **Un acuerdo jurídico por el que un transportista traslada a personas a cambio de un precio.**

2. ¿Cuál es el documento más común que formaliza el contrato de transporte?

   a) Una factura.

   b) Un recibo.

   c) **Un billete o título de transporte.**

   d) Una autorización administrativa.

3. **¿Qué característica tiene el contrato de transporte en cuanto a su perfeccionamiento?**

   a. Es unilateral.

   b. Requiere siempre escritura pública.

   c. Es consensual: se perfecciona con el acuerdo de las partes.

   d. Es gratuito.

4. **¿Cuál es la principal norma española que regula el contrato de transporte de viajeros por carretera?**

   a. El Código Penal.

   b. El Estatuto de los Trabajadores.

   c. El Reglamento General de Circulación.

   d. La Ley de Ordenación de los Transportes Terrestres (LOTT).

5. Según la LOTT, ¿qué principio garantiza que el transporte de viajeros se conciba como un servicio esencial para la sociedad?

a. Principio de servicio público.

b. Principio de subsidiariedad.

c. Principio de eficiencia.

d. Principio de voluntariedad.

6. ¿Qué norma europea regula los derechos de los viajeros en autobús y autocar dentro de la Unión Europea?

a. Tratado de Lisboa.

b. Reglamento (UE) nº 181/2011.

c. Carta de los Derechos Fundamentales de la UE.

d. Reglamento de Schengen.

7. ¿Qué característica define al contrato como oneroso?

a. Que requiere autorización administrativa.

b. Que implica el pago de un precio por parte del viajero.

c. Que está regulado en un código mercantil.

d. Que se documenta en un billete.

8. ¿Qué significa que el contrato sea intuitu personae respecto al viajero?

a. Que puede ser transferido libremente a otra persona.

b. Que está sujeto a autorización judicial.

c. Que el derecho al transporte corresponde a la persona concreta que adquirió el billete.

d. Que solo puede usarse en trayectos internacionales.

9. ¿Cuál de las siguientes es una obligación principal del transportista?

a. Modificar las tarifas a voluntad.

b. Negarse a admitir a pasajeros con movilidad reducida.

c. Garantizar el traslado en condiciones de seguridad y puntualidad.

d. Escoger libremente las rutas sin autorización.

10.¿Qué principio impide que existan tratos arbitrarios o discriminatorios en la prestación del servicio?

a. Principio de igualdad y no discriminación.

b. Principio de legalidad.

c. Principio de gratuidad.

d. Principio de eficacia.

U. A. 2. Explicación de los elementos del contrato

Introducción

El contrato de transporte de viajeros por carretera se estructura sobre una serie de elementos esenciales, sin los cuales no podría tener validez jurídica ni producir efectos. Estos elementos, comunes a la teoría general de los contratos, adquieren particularidades específicas debido a la naturaleza regulada del transporte y a su dimensión como servicio público.

Analizar sus componentes permite comprender cómo se construye el acuerdo entre transportista y viajero, qué derechos y obligaciones nacen para cada parte y cuáles son las garantías que ofrece la normativa para proteger a los usuarios. Entre estos elementos se encuentran el consentimiento, el objeto, la causa, la forma, así como los elementos personales, reales y formales.

Cada uno de ellos cumple una función clave: asegurar la validez del contrato, evitar desequilibrios y establecer un marco que permita reclamar responsabilidades o ejercer derechos. En la práctica, el simple acto de adquirir un billete refleja la existencia de todos estos elementos y convierte una acción cotidiana en un acuerdo jurídico plenamente vinculante.

Objetivos

- Identificar los elementos esenciales de todo contrato de transporte: consentimiento, objeto, causa y forma.
- Distinguir entre elementos personales, reales y formales, comprendiendo el papel del transportista y del viajero.
- Explicar las condiciones que hacen válido el consentimiento y reconocer los supuestos en los que este puede resultar viciado.
- Analizar los requisitos del objeto del contrato, asegurando su licitud, posibilidad y determinación.
- Comprender la función de la causa como justificación económico-social del contrato.
- Reconocer las distintas formas documentales del contrato: billete, abonos, talones de viaje o contratos colectivos.
- Valorar la importancia del cumplimiento del contrato, tanto por parte del transportista como del viajero.
- Relacionar los elementos del contrato con la normativa aplicable, especialmente la LOTT y el Reglamento (UE) nº 181/2011.

1. Definición de conceptos previos

Para comprender la naturaleza del contrato de transporte de viajeros por carretera, es fundamental detenerse en sus **elementos esenciales**, aquellos componentes sin los cuales el acuerdo no podría existir ni desplegar efectos jurídicos. En el ámbito del Derecho, estos elementos son comunes a todos los contratos, pero en el caso concreto del transporte adquieren matices propios debido a su carácter regulado y a su dimensión social.

Podemos distinguir tres grandes grupos:

- **Elementos esenciales**: son los que determinan la existencia misma del contrato. Incluyen el consentimiento de las partes, el objeto del contrato, la causa que lo justifica y la forma en que se manifiesta. Sin ellos, el contrato sería nulo o inexistente.
- **Elementos personales**: hacen referencia a los sujetos que intervienen en el contrato, principalmente el transportista y el viajero. En ocasiones pueden existir otros intervinientes, como agencias de viajes o entidades que contratan el transporte en nombre de un grupo.
- **Elementos reales y formales**: se refieren, respectivamente, a los aspectos materiales y económicos vinculados al contrato (precio, régimen tarifario, billetes, títulos de viaje) y a los requisitos de documentación y acreditación que la normativa exige para que el contrato sea válido y ejecutable.

Estos elementos cumplen dos funciones principales:
1. Asegurar la validez del contrato, garantizando que existe un acuerdo real, con un objeto lícito y posible, y respaldado por una finalidad legítima.
2. Delimitar los derechos y obligaciones de las partes, evitando desequilibrios y ofreciendo un marco legal que protege tanto al transportista como al viajero.

 **Ejemplo**

Cuando un pasajero compra un billete de autobús para viajar de Madrid a Zaragoza, intervienen todos estos elementos: hay un consentimiento (el acuerdo entre pasajero y empresa), un objeto (el traslado en una ruta concreta), una causa (el intercambio entre servicio y precio) y una forma (el billete que lo documenta). Además, se identifican claramente los elementos personales (viajero y transportista), los reales (el precio y el vehículo) y los formales (el billete como documento acreditativo).

Antes de entrar a detallar cada elemento del contrato, es necesario aclarar algunos conceptos que resultan fundamentales para interpretar correctamente esta figura jurídica. Estos términos, aunque puedan parecer evidentes, tienen un significado técnico preciso dentro del marco de la **Ley de Ordenación de los Transportes Terrestres (LOTT)** y de la teoría general de los contratos.

En sentido jurídico, un contrato es un acuerdo de voluntades entre dos o más partes con capacidad legal, que tiene por objeto generar derechos y obligaciones.

Fig. 1. El contrato es una de las instituciones centrales del Derecho privado y mercantil, porque permite ordenar relaciones económicas y sociales con base en el principio de autonomía de la voluntad

En el caso del **transporte de viajeros por carretera**, el contrato se caracteriza por:

- Ser **bilateral**, ya que genera obligaciones recíprocas: el transportista debe trasladar al viajero en condiciones de seguridad y puntualidad, y el viajero debe abonar el precio y respetar las normas del servicio.
- Ser **oneroso**, pues siempre implica un intercambio económico.
- Ser **típico y regulado**, lo que significa que no depende solo de lo que acuerden las partes, sino que está previsto y delimitado en la **LOTT** y en normativa complementaria.

Por lo tanto, aunque a primera vista pueda parecer un acto cotidiano y simple —la compra de un billete—, detrás de ese gesto existe un contrato plenamente válido y vinculante, con fuerza jurídica suficiente para reclamar derechos o exigir responsabilidades.

El transportista es la persona física o jurídica que se compromete, mediante precio, a realizar el traslado de viajeros de un punto a otro. Su papel en el contrato es central, ya que asume la responsabilidad principal de la prestación del servicio.

El transportista no puede ser cualquiera: debe contar con la autorización administrativa correspondiente, lo que garantiza que cumple con los requisitos legales en cuanto a:

- **Capacidad profesional**: disponer de conductores con formación adecuada y, en su caso, certificado de competencia profesional.
- **Capacidad técnica**: tener vehículos homologados, revisados y adaptados a la normativa de seguridad y accesibilidad.
- **Capacidad económica**: acreditar solvencia mínima que permita garantizar la viabilidad del servicio.

Además, el transportista responde contractual y extracontractualmente frente a los viajeros. Contractual, por el incumplimiento de las condiciones pactadas (por ejemplo, no realizar el trayecto previsto); y extracontractual, por daños causados durante el viaje (accidentes, pérdidas de equipaje, etc.), salvo que se deban a fuerza mayor.

Fig. 2. El transportista no solo presta un servicio, sino que asume una posición de garante respecto a la seguridad y los derechos del viajero

El viajero es el sujeto que adquiere el derecho a ser transportado en virtud del contrato. Generalmente coincide con la persona que paga el billete, pero no siempre es así. Existen supuestos en los que el viajero es distinto de quien contrata o financia el servicio, como cuando una empresa paga el desplazamiento de un trabajador o un colegio contrata un autobús para sus alumnos.

El viajero es titular de un conjunto de derechos reconocidos por la normativa nacional y europea:

- Derecho a ser transportado en las condiciones pactadas (horario, destino, calidad del servicio).
- Derecho a la seguridad y a la integridad física durante el viaje.
- Derecho a la información previa y durante el trayecto.
- Derecho a reclamar y obtener compensaciones en caso de incumplimiento (cancelaciones, retrasos, incidencias).
- Derecho a la no discriminación, especialmente relevante para personas con discapacidad o movilidad reducida.

Al mismo tiempo, el viajero tiene obligaciones: debe pagar el precio, conservar el billete, respetar las normas de uso del servicio (por ejemplo, no fumar en el vehículo, mantener el orden, usar cinturón de seguridad si está instalado) y cumplir con las indicaciones del personal del transportista.

Fig. 3. El viajero no es un mero receptor pasivo del servicio, sino un contratante activo, con derechos reconocidos y deberes correlativos que garantizan la convivencia y el correcto funcionamiento del transporte

El título de transporte es el documento que acredita la existencia del contrato entre el transportista y el viajero. Su importancia va más allá de permitir el acceso al vehículo: es la prueba documental del acuerdo, que recoge las condiciones esenciales del servicio.

Este título puede adoptar diversas formas:

- **Billete sencillo**: sirve para un trayecto concreto entre un origen y un destino en una fecha y hora determinadas.
- **Abono o tarjeta recargable**: da derecho a realizar varios viajes dentro de un periodo de tiempo o en determinadas rutas, a menudo con un precio reducido respecto a billetes individuales.
- **Talón de viaje**: se utiliza en algunos servicios regulares de uso especial, como los escolares o laborales.
- **Contrato colectivo**: en el transporte discrecional, cuando se contrata un vehículo para un grupo (por ejemplo, una excursión).

Además de ser un título habilitante para viajar, el billete cumple funciones de control administrativo y fiscal.

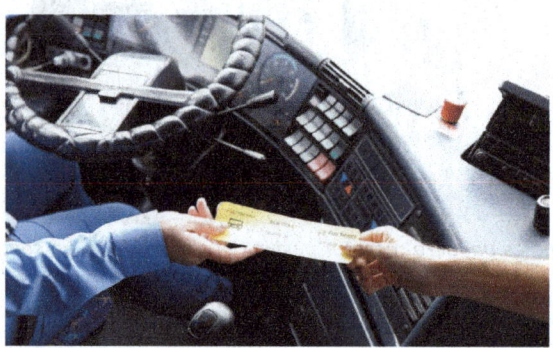

Fig. 4. La normativa exige que el título para viajar recoja información mínima (origen, destino, precio, fecha, asiento si corresponde) y que pueda servir como soporte en caso de reclamaciones o incidencias

El precio constituye la contraprestación económica que el viajero abona al transportista para poder acceder al servicio. Es uno de los elementos esenciales del contrato, ya que lo configura como un contrato oneroso.

Existen dos grandes regímenes tarifarios:

- **Servicios regulares**: el precio suele estar fijado o autorizado por la Administración competente, que aprueba las tarifas máximas o mínimas en función del tipo de servicio, la distancia y las condiciones socioeconómicas. Por ejemplo, en líneas interurbanas concesionadas, el precio del billete no lo decide libremente la empresa.

- **Servicios discrecionales**: el precio se determina por libre acuerdo entre las partes, en función de factores como la duración del viaje, la distancia, el número de viajeros o los servicios adicionales contratados.

Fig. 5. La tarifa también puede verse influida por descuentos y bonificaciones regulados legalmente, como los aplicables a familias numerosas, personas mayores o estudiantes

El **servicio regular** de transporte de viajeros se caracteriza por su continuidad y previsibilidad. Se presta siguiendo itinerarios, frecuencias, horarios y tarifas previamente autorizadas por la Administración. Cada pasajero celebra un contrato individual al adquirir su billete, aunque todos ellos viajen bajo las mismas condiciones establecidas en la concesión o autorización.

Dentro de los servicios regulares existen dos modalidades principales:

- **Regulares de uso general**: abiertos a cualquier persona que adquiera un billete. Ejemplo: una línea de autobús interurbano entre dos ciudades.
- **Regulares de uso especial**: destinados a colectivos concretos, como estudiantes o trabajadores de una empresa. En estos casos, la contratación puede hacerse de manera colectiva, pero el servicio sigue estando sometido a autorización administrativa.

La finalidad del servicio regular es garantizar la movilidad básica de la población, incluso en trayectos poco rentables, ya que prima el principio de servicio público.

El servicio discrecional se diferencia del regular en que carece de itinerarios, horarios y frecuencias preestablecidos. Se presta de forma puntual y bajo demanda, generalmente contratado por un grupo de personas o por una entidad.

Las características principales son:

- El recorrido, la duración y las condiciones del servicio se pactan libremente entre el cliente y el transportista.
- El precio no está fijado por la Administración, sino que se negocia entre las partes.
- Se formaliza en un documento específico (contrato o hoja de ruta) que detalla las condiciones pactadas: origen y destino, número de viajeros, horarios, precio global, etc.

Fig. 6. Ejemplo típico de transporte discrecional es el autobús contratado por un colegio para realizar una excursión o por una empresa para trasladar a sus empleados a un evento

 Anotación

La diferencia entre servicios regulares y discrecionales es clave: en los primeros, el contrato se genera individualmente con cada viajero y bajo condiciones estandarizadas; en los segundos, el contrato se pacta de manera colectiva y flexible, pero siempre bajo los requisitos de autorización y seguridad que impone la normativa.

2. Explicación del consentimiento de las partes

El **consentimiento** es el elemento que da vida al contrato. Sin la voluntad de las partes, expresada de forma válida, no existe obligación alguna. En el contrato de transporte de viajeros por carretera, este consentimiento se manifiesta en el acuerdo recíproco entre transportista y viajero: el primero se compromete a realizar el traslado, y el segundo acepta pagar el precio y cumplir con las condiciones del servicio.

Aunque en la práctica pueda parecer un acto simple —como comprar un billete en taquilla o con una aplicación móvil—, en términos jurídicos este gesto supone un acto de consentimiento contractual.

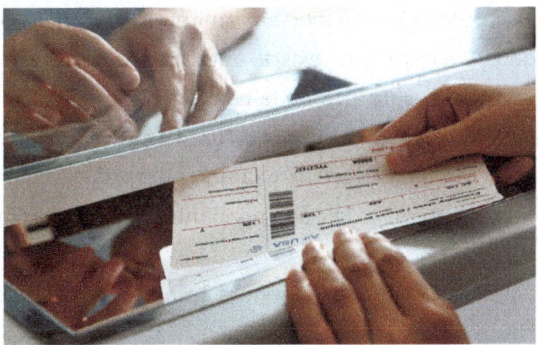

Fig. 7. No importa que el viajero no firme un documento escrito: lo relevante es que ambas partes hayan expresado su conformidad

A. Requisitos del consentimiento

Para que el consentimiento sea válido y produzca efectos jurídicos, debe reunir una serie de condiciones que derivan de la teoría general de los contratos, adaptadas a la particularidad del transporte. Estas condiciones aseguran que el acuerdo no solo exista formalmente, sino que sea legítimo y eficaz.

La **capacidad legal** para contratar es la aptitud jurídica de una persona para obligarse válidamente en un contrato. En el caso del transporte de viajeros, se aplica a ambas partes:

- **Transportista**: si es una persona física, debe reunir los requisitos para ejercer la actividad (licencia de transporte, autorizaciones administrativas, inscripción en el registro correspondiente). Si es una persona jurídica (empresa de transporte), ha de estar constituida legalmente y disponer de las habilitaciones que le permitan operar. Esto garantiza que la parte que ofrece el servicio tiene legitimidad para hacerlo.

- **Viajero**: debe tener capacidad jurídica suficiente. En la práctica, se admiten matices:
  - Los **menores de edad** pueden ser viajeros, pero el contrato se considera celebrado por sus representantes legales (padres o tutores). Sin embargo, muchas empresas de transporte permiten a menores viajar solos a partir de cierta edad, siempre que exista autorización expresa de los padres o se cumplan requisitos internos de la compañía.
  - Las personas con **capacidad modificada judicialmente** (por discapacidad reconocida) también pueden viajar, pero en función de su grado de autonomía se pueden exigir acompañantes o autorizaciones adicionales.

La capacidad legal, por tanto, no solo asegura que las partes pueden obligarse, sino que protege a colectivos vulnerables.

El consentimiento debe ser un acto libre y consciente. No puede estar afectado por:

- **Coacción o violencia**: si una parte se ve obligada a aceptar el contrato contra su voluntad, el consentimiento carece de validez.
- **Error esencial**: ocurre cuando el pasajero se equivoca en un aspecto fundamental del contrato. Por ejemplo, comprar un billete creyendo que es para el día siguiente, cuando en realidad es para el mismo día.
- **Dolo o engaño**: cuando una de las partes manipula u oculta información relevante para inducir a la otra a contratar. Por ejemplo, si se vendiera un billete para un trayecto inexistente o en condiciones distintas a las ofertadas.

La voluntariedad protege al pasajero como parte más débil de la relación contractual, asegurando que su decisión de contratar se basa en información clara y sin presiones indebidas.

El consentimiento no se perfecciona hasta que existe acuerdo real entre lo que ofrece el transportista y lo que acepta el viajero. Este acuerdo se plasma en los elementos básicos del contrato:

- **Itinerario**: el viajero debe tener claro el origen y el destino.
- **Horario**: la aceptación debe corresponder a la fecha y hora que realmente se van a prestar.
- **Precio**: debe estar claramente informado y aceptado por el viajero antes de la contratación.
- **Condiciones de prestación**: si el billete incluye asiento numerado, servicios adicionales (wifi, maletero, accesibilidad para sillas de ruedas), estas deben coincidir con lo que efectivamente se ofrece.

En caso de discrepancia, no puede hablarse de consentimiento válido. Por ejemplo, si el pasajero compra un billete para un autobús directo y la empresa le asigna uno con múltiples paradas sin advertirlo, se rompe la coincidencia de voluntades.

Ejemplo

Un menor de 15 años compra en línea un billete de autobús para viajar de Salamanca a Madrid. Aunque ha podido efectuar la compra, la empresa exige que presente una autorización paterna para poder realizar el trayecto solo. Aquí se ve reflejado cómo la capacidad legal tiene matices. Si además el menor hubiera adquirido el billete pensando que era para la tarde y en realidad era para la mañana, se estaría ante un error esencial que vicia el consentimiento.

La validez del consentimiento es clave porque, si alguno de estos requisitos no se cumple, el contrato puede declararse **nulo o anulable**, lo que conlleva que las obligaciones derivadas (pago, transporte) carezcan de fuerza jurídica.

B. Formas de manifestación del consentimiento

En los contratos de transporte de viajeros por carretera, el consentimiento no exige fórmulas solemnes ni intervenciones notariales. Su valor radica en la manifestación clara de la voluntad de las partes de obligarse, lo cual puede producirse de distintas maneras según el tipo de servicio.

1. **Consentimiento expreso.** El consentimiento es **expreso** cuando el viajero manifiesta de forma directa y clara su voluntad de contratar. Esto ocurre, por ejemplo, al:

- Comprar un billete en una taquilla, recibiendo un título físico que recoge el origen, destino, precio y fecha del viaje.
- Adquirir un billete por internet o a través de aplicaciones móviles, aceptando de manera explícita las condiciones generales de transporte antes de realizar el pago.
- Formalizar un contrato colectivo en servicios discrecionales (por ejemplo, una empresa que contrata un autobús para trasladar a sus trabajadores a un evento).

En todos estos casos, el consentimiento queda documentado de manera inequívoca, lo que facilita la prueba jurídica en caso de conflicto.

2. **Consentimiento tácito.** El consentimiento es tácito cuando se deduce de los hechos o conductas del viajero, aunque no exista una declaración verbal o escrita. Se da en situaciones cotidianas como:

- El acceso a un autobús urbano abonando directamente el importe al conductor.
- La validación de una tarjeta de transporte o abono en los sistemas electrónicos instalados en los vehículos o estaciones.
- La utilización de bonos o títulos recargables sin necesidad de compra individual para cada trayecto.

En estos supuestos, el acto mismo de subir al vehículo y abonar o validar el título equivale a la aceptación del contrato y de sus condiciones generales.

3. **Relevancia práctica.** Ambas formas de consentimiento —expresa y tácita— son válidas, pero siempre requieren una **constancia documental** a través del título de

transporte (billete, tarjeta o documento equivalente). Esto no solo garantiza la transparencia de la relación contractual, sino que también permite:

- Acreditar los derechos del viajero frente al transportista.
- Justificar el pago y la obligación de prestación del servicio.
- Servir de soporte en reclamaciones, inspecciones o conflictos jurídicos.

En una línea interurbana, un pasajero compra su billete por internet y recibe un código QR en su móvil: este es un consentimiento expreso. En cambio, otro pasajero accede a un autobús urbano y valida su tarjeta de transporte mensual sin realizar un pago adicional en ese momento: aquí el consentimiento es tácito, pues se deduce de la acción de validar la tarjeta y subir al vehículo.

El consentimiento tácito no exime al transportista de su obligación de entregar o habilitar un título de transporte válido.

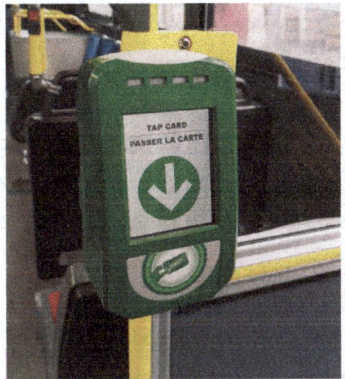

Fig. 8. Incluso en los servicios urbanos, el billete o la tarjeta validada constituyen el soporte documental del contrato

C. Función práctica del consentimiento

El consentimiento no es solo un requisito formal para que exista el contrato, sino que tiene una función práctica esencial: delimitar desde el inicio los derechos y obligaciones de las partes. Desde el momento en que se perfecciona el contrato, ambos quedan vinculados jurídicamente y pueden exigir el cumplimiento de lo acordado.

1. **Derechos y obligaciones del viajero.** El consentimiento otorga al viajero un conjunto de derechos inmediatos, entre los que destacan:
- **Derecho a ocupar una plaza** en el vehículo, conforme a las condiciones pactadas (asiento numerado, si procede, o acceso general en los servicios urbanos).
- **Derecho al traslado seguro** hasta el destino, lo que implica que el vehículo debe estar en condiciones técnicas adecuadas y que el conductor debe respetar las normas de circulación y seguridad vial.
- **Derecho a la información** sobre horarios, tarifas, paradas y posibles incidencias.
- **Derecho a reclamar** en caso de incumplimiento (retrasos, cancelaciones, incidencias con el billete).

Junto a estos derechos, el viajero asume **obligaciones correlativas**: pagar el precio, conservar el título de transporte durante el viaje, ocupar la plaza asignada cuando corresponda y respetar las normas de convivencia y seguridad establecidas por el transportista.

2. **Derechos y obligaciones del transportista.** Por su parte, el consentimiento genera para el transportista los siguientes derechos y obligaciones:
- **Derecho a percibir el precio** fijado o pactado como contraprestación por el servicio.
- **Derecho a exigir al viajero** que cumpla las condiciones del servicio (presentar billete válido, comportarse de manera adecuada, usar cinturón si está instalado, no poner en riesgo la seguridad del trayecto).

- **Obligación de prestar el servicio contratado**, realizando el trayecto convenido en las condiciones estipuladas.
- **Obligación de velar por la seguridad** de los pasajeros, adoptando todas las medidas técnicas y humanas necesarias para un transporte seguro.

Importante

En situaciones de conflicto, la validez del contrato se analiza siempre a partir de la existencia de consentimiento válido y documentado. El billete, tarjeta o título de transporte es la prueba fundamental: acredita que ambas partes aceptaron voluntariamente obligarse y permite a cada una exigir sus derechos.

Si el consentimiento se otorgó con vicios (error esencial, falta de capacidad, coacción), el contrato puede ser declarado anulable, lo que repercute directamente en la responsabilidad de las partes y en las posibles compensaciones.

La función práctica del consentimiento convierte un acto cotidiano —como comprar un billete o validar una tarjeta— en un acto jurídico con fuerza vinculante, que establece un marco claro de derechos y deberes desde el inicio de la relación contractual.

Ejemplo

Un pasajero compra un billete con asiento numerado y, al subir al autobús, encuentra que otra persona ocupa esa plaza. El transportista está obligado a garantizarle el disfrute de su derecho, ya sea asignándole la plaza contratada u ofreciéndole una solución equivalente. Este derecho nace directamente del consentimiento: el acuerdo de voluntades documentado en el billete.

3. Descripción del objeto de los contratos

El **objeto del contrato** constituye aquello sobre lo que recae la obligación asumida por las partes. En el caso del contrato de transporte de viajeros por carretera, el objeto es el traslado de personas de un lugar a otro mediante el pago de un precio.

Este objeto debe cumplir con las condiciones generales que exige el Derecho contractual:

- **Ser posible.** El objeto del contrato debe ser posible, tanto en el plano material como en el jurídico:
  - **Posibilidad material**: implica que el servicio pueda llevarse a cabo con los medios disponibles. Un transportista no puede comprometerse a realizar un trayecto que exceda su capacidad operativa (por ejemplo, ofertar una ruta con un autobús de 50 plazas cuando dispone únicamente de un vehículo de 20). Tampoco podría prometer realizar un servicio en condiciones que supongan un riesgo manifiesto para la seguridad (por ejemplo, en carreteras cortadas o con vehículos averiados).
  - **Posibilidad jurídica**: el servicio debe estar autorizado legalmente. Un contrato carece de validez si se refiere a un trayecto no autorizado por la Administración, ya que el transporte regular está sujeto a concesiones y licencias. Lo mismo ocurre con el transporte internacional, donde el transportista debe cumplir requisitos adicionales de normativa europea.

Ejemplo

Si una empresa promete realizar un servicio regular de pasajeros entre dos ciudades sin contar con la concesión administrativa correspondiente, el contrato sería nulo porque el objeto es jurídicamente imposible.

- **Ser lícito.** El objeto también debe ser lícito, es decir, no puede contravenir el ordenamiento jurídico ni el interés general:
  - Un contrato sería ilícito si pretende trasladar viajeros en vehículos que no cumplen con las condiciones de seguridad técnica exigidas por la normativa (neumáticos en mal estado, ausencia de revisiones periódicas, incumplimiento de tiempos de descanso de los conductores).
  - También se considera ilícito si vulnera normas de protección de los usuarios, como negar el acceso a personas con discapacidad cuando la ley obliga a garantizar su derecho a viajar en igualdad de condiciones.
  - La licitud se proyecta incluso sobre aspectos tarifarios: no es válido un contrato que pacte precios por debajo de las tarifas mínimas fijadas en los servicios regulados, ni que aplique recargos arbitrarios sin autorización.

Ejemplo

Un contrato que permitiera a una empresa operar un autobús sin seguro obligatorio de viajeros sería ilícito, porque el transporte debe ajustarse a las exigencias legales en materia de responsabilidad civil y protección de pasajeros.

- **Ser determinado o determinable.** El objeto debe estar claramente identificado o, al menos, poder concretarse sin dejar margen a la incertidumbre. Esto asegura que tanto viajero como transportista saben exactamente qué se está contratando.

En el transporte de viajeros, este requisito implica precisar:

- **Itinerario**: punto de origen y destino, así como posibles paradas intermedias.
- **Fecha y hora**: el momento en que debe prestarse el servicio. En servicios regulares, estos datos suelen estar predeterminados por la concesión; en los discrecionales, se fijan en el acuerdo.
- **Precio**: debe estar indicado de manera clara. No es válido un contrato con tarifas ambiguas o indeterminadas.
- **Condiciones accesorias**: como el número de asiento asignado, en caso de servicios con numeración, o el uso de abonos con límites de tiempo y espacio definidos.

Este requisito de determinación permite exigir el cumplimiento estricto del contrato y evita conflictos por falta de claridad.

Ejemplo

Un billete que indique "trayecto válido para viajar en cualquier momento entre Madrid y Sevilla" sería determinable si se especifica que puede usarse en cualquiera de los servicios diarios de la empresa dentro de un plazo de 30 días. En cambio, si solo dijera "billete válido para viajar algún día", sin plazo ni condiciones, el objeto sería indeterminado y, por tanto, inválido.

Estas tres condiciones —posibilidad, licitud y determinación— garantizan que el objeto del contrato sea válido y exigible. Si falta alguna de ellas, el contrato puede ser declarado nulo, lo que priva de protección tanto al viajero como al transportista.

El objeto del contrato se manifiesta en dos planos distintos pero complementarios:

- **Prestación principal del transportista**: realizar el desplazamiento en las condiciones pactadas, garantizando la seguridad y puntualidad del viaje.
- **Prestación del viajero**: abonar el precio y respetar las condiciones de uso del servicio (conservación del billete, cumplimiento de las normas de convivencia, ocupación del asiento asignado, uso de cinturón de seguridad si procede).

Ambas prestaciones están estrechamente vinculadas, de manera que el incumplimiento de una puede afectar a la otra (por ejemplo, la negativa a pagar puede justificar que el transportista niegue el servicio, mientras que la falta de prestación adecuada puede dar lugar a la reclamación del viajero).

El objeto del contrato puede variar según la modalidad de servicio:

- **Transporte regular**: el objeto está estandarizado y fijado por la Administración. El viajero adquiere un billete que le da derecho a ocupar una plaza en un trayecto y horario determinados.
- **Transporte discrecional**: el objeto se configura de manera más flexible. Una entidad contrata el desplazamiento de un grupo en condiciones pactadas (recorrido, paradas, precio global, horarios).
- **Transporte internacional**: además del traslado, el objeto incluye la aplicación de normas supranacionales, como el **Reglamento (UE) 181/2011**, que añade obligaciones específicas de asistencia, compensación e información.

Un pasajero compra un billete de autobús de Valencia a Alicante para el día 15 de mayo, a las 10:00 horas, con asiento numerado. El objeto del contrato es precisamente ese traslado concreto en las condiciones pactadas: trayecto, fecha, horario y asiento. Si la empresa no cumple con alguna de estas condiciones —por ejemplo, si cancela el servicio sin justificación—, se entiende que ha incumplido su prestación principal.

Fig. 9. En el transporte de viajeros, el objeto del contrato no se limita al simple hecho de "llevar a una persona de un punto a otro": también incluye las condiciones de seguridad, accesibilidad y calidad, que forman parte del contenido esencial del acuerdo y que están protegidas por la normativa de orden público

4. Explicación de la causa del contrato

La causa del contrato es uno de los elementos esenciales que justifican la existencia del acuerdo. En términos jurídicos, la causa es la razón económica y social que explica el intercambio de prestaciones: el viajero paga un precio y, a cambio, obtiene el derecho a ser transportado hasta su destino en condiciones de seguridad y legalidad.

En el contrato de transporte de viajeros por carretera, la causa se configura de la siguiente manera:

- Para el viajero, la causa es el interés en desplazarse de un punto a otro con comodidad, rapidez y seguridad.

- Para el transportista, la causa es el interés en obtener un beneficio económico mediante la prestación de un servicio autorizado.

La causa, al igual que el consentimiento y el objeto, debe reunir ciertas condiciones para que el contrato sea válido:

1. **Existir**: no puede haber contrato sin causa. Un contrato en el que no haya contraprestación económica, salvo casos de gratuidad autorizados por la ley (como determinados servicios públicos), carecería de base jurídica en el ámbito del transporte.
2. **Ser lícita**: la finalidad no debe contravenir la ley ni el orden público. No sería válida una contratación cuyo fin sea encubrir actividades ilegales (por ejemplo, utilizar un servicio de transporte de viajeros como tapadera para transportar mercancías prohibidas).
3. **Ser verdadera**: la causa debe coincidir con la realidad. Si se simula un contrato de transporte para ocultar otra relación jurídica (por ejemplo, un falso contrato de transporte que en realidad enmascara un arrendamiento de vehículos sin conductor), la causa sería inexistente o falsa.

La causa cumple una función ordenadora y de equilibrio dentro del contrato:

- Permite distinguir el contrato de transporte de otras figuras similares. Por ejemplo, un **arrendamiento de vehículos** no es un transporte de viajeros, ya que el arrendador no se obliga a trasladar, sino solo a ceder el uso del vehículo.
- Refuerza el carácter **oneroso** del contrato: sin contraprestación económica no puede hablarse de transporte de viajeros en sentido estricto.
- Sirve como **criterio para valorar la validez del contrato** en caso de conflicto. Si se prueba que no existía causa legítima (por ejemplo, que el viaje se ofrecía sin autorización ni garantías de seguridad), el contrato puede declararse nulo.

Ejemplo

Un pasajero paga 25 euros por un billete de autobús de Zaragoza a Barcelona. La causa para el viajero es realizar el desplazamiento en una fecha y hora determinadas, mientras que para el transportista es recibir la remuneración económica a cambio de su servicio. Si el viaje no se realiza porque la empresa no tenía autorización para operar la ruta, la causa se considera ilícita, y el contrato carece de validez jurídica.

La causa, aunque a menudo no se perciba en la práctica cotidiana —pues el pasajero solo piensa en "comprar un billete"—, es el elemento que dota de **legitimidad y sentido** al contrato. Permite que el acto sea reconocible jurídicamente y ejecutable en caso de reclamación.

5. Descripción de la forma de los contratos

La **forma** de los contratos se refiere al modo en que se exterioriza y documenta el consentimiento de las partes. En el Derecho español, la regla general es que los contratos son válidos por el mero consentimiento, con independencia de su forma, salvo que la ley exija una específica.

En el caso del contrato de transporte de viajeros por carretera, la forma es simplificada y no requiere escritura pública ni formalidades solemnes. Sin embargo, debe cumplir con ciertos requisitos documentales, porque el transporte de viajeros se integra en un ámbito de interés público que exige control administrativo y protección de los usuarios.

Se describen las manifestaciones de la forma en el transporte:

1. **Billete sencillo:** El billete sencillo es la forma más común y básica del contrato de transporte. Representa el derecho de una persona a realizar un trayecto concreto en unas condiciones previamente establecidas.

o **Contenido mínimo**: debe recoger datos esenciales como el origen y destino, la fecha y hora de salida, el precio pagado y, en su caso, el asiento asignado. En trayectos más largos o servicios internacionales, también pueden incluirse cláusulas relativas a equipaje, condiciones de cancelación y normas de acceso.

o **Formatos**: puede emitirse en papel (billete físico entregado en taquilla o a bordo) o en soporte digital (código QR o aplicación móvil). El billete digital tiene plena validez jurídica siempre que permita identificar de manera inequívoca el contrato y las condiciones del viaje.

o **Función**: además de habilitar al pasajero a acceder al transporte, el billete constituye la prueba documental del contrato y el medio de reclamación en caso de incidencia (retrasos, cancelaciones, incumplimiento de condiciones).

 Ejemplo

Un viajero adquiere en línea un billete de autobús Madrid–Toledo para el día 10 de junio a las 18:00 horas. El código QR en su móvil es el soporte documental del contrato y le otorga el derecho a viajar en ese servicio concreto.

2. **Abonos o tarjetas de transporte.** Los **abonos** y **tarjetas de transporte** son títulos que permiten realizar varios desplazamientos dentro de un marco temporal o territorial determinado.

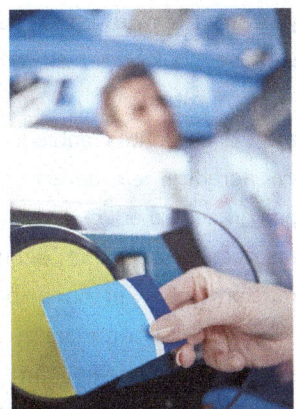

Fig. 10. Los abonos o tarjetas de transporte no constituyen un contrato individual por cada viaje, sino un contrato marco que habilita al viajero a realizar un número de trayectos o a usar el servicio durante un tiempo determinado

o **Modalidades**:

- Abonos temporales: diarios, semanales, mensuales o anuales.
- Abonos por número de viajes: bonos de 10, 20 o más trayectos.
- Tarjetas recargables con saldo económico que se descuenta en cada validación.

o **Ventajas**: suponen ahorro económico respecto a billetes sencillos, facilitan la planificación de la movilidad y fomentan el uso frecuente del transporte público.

o **Requisitos formales**: suelen ser personales e intransferibles, especialmente los nominativos, y deben ser validados en cada uso para garantizar su vigencia.

Ejemplo

Un abono mensual que permite hasta 30 viajes en una línea interurbana entre dos ciudades. Cada validación en el lector electrónico constituye un acto de manifestación tácita del consentimiento.

3. **Talones de viaje y hojas de ruta.** En los servicios regulares de uso especial, como el transporte escolar o laboral, el contrato se documenta a través de talones de viaje o hojas de ruta.

   o **Talones de viaje**: documentos entregados a los usuarios (por ejemplo, estudiantes) para acreditar su derecho a utilizar el servicio contratado colectivamente por un centro educativo o una empresa.

   o **Hojas de ruta**: documentos que debe portar el transportista y que contienen información sobre el servicio concreto: recorrido, puntos de parada, número de pasajeros autorizados y horarios.

   o **Función**: garantizan la trazabilidad del servicio, permiten a la Administración controlar que el transporte se ajusta a la autorización y facilitan la identificación de los viajeros en caso de incidencias.

Ejemplo

Una empresa de autobuses presta servicio regular de uso especial para el traslado diario de trabajadores a un polígono industrial. Cada empleado recibe un talón que acredita su derecho al transporte, mientras que el conductor lleva la hoja de ruta donde figuran los detalles del servicio.

4. **Contratos colectivos en transporte discrecional.** En el **transporte discrecional**, la forma del contrato no se plasma en billetes individuales, sino en un **documento único** que recoge las condiciones pactadas para todo el grupo.

   o **Contenido**: el contrato debe especificar el origen y destino del viaje, el número de pasajeros, el itinerario previsto, el precio global del servicio, la fecha y la duración del desplazamiento.

   o **Emisión**: suele formalizarse por escrito entre la entidad contratante (colegio, empresa, asociación) y el transportista. El documento debe acompañar al vehículo durante el trayecto para su posible inspección por la autoridad competente.

   o **Naturaleza jurídica**: es un contrato colectivo, pero cada viajero se beneficia individualmente del derecho a ser transportado en las condiciones pactadas.

o **Particularidad**: el pago lo suele efectuar un tercero (la entidad contratante), por lo que existe una separación entre quien financia el servicio y quienes disfrutan del transporte.

Un colegio contrata un autobús para llevar a 50 alumnos de excursión a un museo. El contrato colectivo recoge el itinerario, la fecha, el precio y el número de plazas. Aunque los alumnos no han pagado directamente el billete, su derecho a ser transportados nace de ese documento colectivo.

Cada manifestación de la forma responde a un tipo de servicio: el billete sencillo para viajes individuales, los abonos para usuarios habituales, los talones de viaje para servicios especiales y los contratos colectivos para transportes discrecionales. Todas ellas tienen en común que actúan como soporte jurídico del consentimiento y como garantía documental frente a la Administración y frente a posibles reclamaciones.

La forma del contrato en el transporte cumple tres funciones esenciales:

- **Probatoria**: acredita la existencia del contrato y sus condiciones básicas. El billete constituye la principal prueba de que el pasajero tiene derecho al transporte.
- **Informativa**: proporciona al viajero los datos necesarios para conocer el alcance del servicio (trayecto, precio, condiciones de uso).
- **De control administrativo y fiscal**: permite a la Administración verificar que se cumplen las autorizaciones, tarifas y requisitos legales, y sirve también como soporte en materia tributaria.

Aunque la compra de un billete pueda parecer un acto meramente operativo, tiene una **relevancia jurídica significativa**. En caso de reclamación, el título de transporte es la prueba fundamental para exigir indemnizaciones o compensaciones.

Por ejemplo:

- Si un autobús cancela un servicio sin causa justificada, el billete permite al viajero reclamar la devolución del importe o una compensación.
- En el transporte internacional, el billete acredita también los derechos adicionales reconocidos por el Reglamento (UE) 181/2011, como asistencia en caso de retraso o reembolso en cancelaciones.

Un viajero adquiere un billete digital a través de la aplicación de una empresa de transporte. Aunque nunca recibe un documento físico, el contrato está formalizado: el código QR en su móvil contiene la información necesaria (origen, destino, fecha, precio). En caso de incidencia, ese billete digital sirve de prueba plena.

La simplicidad de la forma en este contrato es coherente con su uso masivo. Sin embargo, lejos de ser un mero trámite, constituye la **garantía documental** que protege al pasajero y asegura el cumplimiento de la normativa por parte del transportista.

6. Explicación de los elementos personales. El transportista y los viajeros

En el contrato de transporte de viajeros por carretera, el transportista ocupa la posición central como sujeto obligado a prestar el servicio. Se trata de la persona física o jurídica que, contando con la correspondiente autorización administrativa, se compromete a trasladar viajeros de un lugar a otro mediante el pago de un precio.

El transportista puede adoptar dos formas:

- **Persona física**: profesional autónomo que, con las licencias y habilitaciones necesarias, explota un vehículo para prestar servicios de transporte (por ejemplo, un taxista o un conductor propietario de un autobús).
- **Persona jurídica**: empresa de transporte, sociedad cooperativa o entidad mercantil que gestiona flotas de vehículos y conductores. En este caso, la responsabilidad recae en la organización, aunque la prestación material del servicio la realicen empleados o colaboradores.

En ambos supuestos, la clave es que el transportista está habilitado por la Administración, lo que distingue al transporte legal del transporte clandestino o irregular.

Para poder operar, el transportista debe cumplir con un conjunto de requisitos que garantizan la seguridad y la calidad del servicio:

- **Autorización administrativa**: imprescindible para operar en el ámbito del transporte público de viajeros. Puede ser de carácter nacional, autonómico o local según la ruta.
- **Capacidad profesional**: exigencia de formación y titulación, especialmente en empresas que prestan servicios regulares o discrecionales de larga distancia.
- **Capacidad técnica**: disponer de vehículos homologados, equipados con las medidas de seguridad obligatorias (sistemas de retención, extintores, tacógrafos, accesibilidad para personas con movilidad reducida, etc.).
- **Capacidad económica**: acreditar solvencia suficiente para mantener los vehículos, cubrir seguros y asumir responsabilidades derivadas del servicio.

El transportista no solo presta un servicio; asume un conjunto de obligaciones jurídicas y éticas derivadas del contrato:

- **Prestar el servicio contratado** en las condiciones pactadas (trayecto, fecha, horario, calidad del servicio).

- **Garantizar la seguridad** de los viajeros durante el trayecto, cumpliendo las normas técnicas y de circulación.
- **Cumplir con la normativa de accesibilidad**, permitiendo el acceso en igualdad de condiciones a personas con discapacidad o movilidad reducida.
- **Emitir y entregar el título de transporte**, que acredita el contrato y permite al viajero ejercer sus derechos.
- **Responder de los daños o perjuicios** que sufran los pasajeros durante el transporte, salvo en supuestos de fuerza mayor.

A diferencia de otros contratos privados, el transportista está sometido a un **régimen de control público**. La Administración autoriza el servicio, fija tarifas en determinados casos y supervisa el cumplimiento de las condiciones de seguridad y calidad. Esto sitúa al transportista en una posición de doble responsabilidad:

1. **Frente a los viajeros**, como obligado a cumplir lo pactado.
2. **Frente a la Administración**, como garante de un servicio que forma parte de la movilidad colectiva.

Ejemplo

Una empresa de transporte interurbano que explota la línea Madrid–Segovia no puede suspender el servicio porque no le resulte rentable en temporada baja. El contrato con cada viajero y la autorización administrativa le obligan a mantener la ruta con la frecuencia mínima establecida. Esto refleja la doble dimensión de su papel: contractual y de servicio público.

Fig. 11. El transportista es mucho más que el mero prestador del servicio: es el garante del contrato y el principal responsable de que el derecho del viajero a ser transportado se materialice en condiciones de seguridad, legalidad y equidad

El **viajero** es la otra parte esencial del contrato de transporte de viajeros por carretera. Se trata de la persona que adquiere el derecho a ser transportada en virtud del acuerdo con el transportista, normalmente mediante la compra de un billete o la posesión de un título de transporte válido.

Aunque el viajero se perciba habitualmente como la parte más débil de la relación contractual, la normativa —tanto nacional como europea— le otorga un conjunto amplio de derechos de protección, sin olvidar las obligaciones necesarias para mantener el equilibrio en la prestación del servicio.

El viajero puede coincidir con quien paga el billete (caso habitual), pero no siempre es así. También puede ser beneficiario de un contrato celebrado por un tercero:

- Un trabajador cuyo viaje ha sido abonado por la empresa.
- Un estudiante que se desplaza en un autobús escolar contratado por el centro educativo.
- Un grupo de turistas que viajan gracias a un contrato firmado por una agencia.

En todos los casos, el derecho al transporte recae en la persona física que realiza el trayecto, aunque no sea quien pagó directamente.

El viajero dispone de una serie de derechos reconocidos por la LOTT y el Reglamento (UE) 181/2011, que refuerzan su posición en el contrato:

- **Derecho de acceso al transporte**: siempre que cumpla las condiciones generales (pago del billete, respeto a normas de seguridad y convivencia).
- **Derecho a la seguridad**: el viaje debe realizarse en vehículos en condiciones técnicas adecuadas y con conductores capacitados.
- **Derecho a la información**: sobre horarios, rutas, tarifas, retrasos o cancelaciones.
- **Derecho a la no discriminación**: ningún viajero puede ser tratado de manera arbitraria por razones personales, sociales o de discapacidad.
- **Derecho a compensación y asistencia**: en caso de incidencias graves (cancelaciones, retrasos prolongados, accidentes).
- **Derecho a reclamar**: ante la propia empresa, las autoridades de transporte o las Juntas Arbitrales.

El viajero, como parte del contrato, también asume obligaciones esenciales:

- **Pagar el precio del transporte** en la forma y momento previstos.
- **Conservar y mostrar el billete** o título de transporte durante el trayecto como acreditación del contrato.
- **Respetar las normas de uso y convivencia** establecidas por el transportista (no fumar, no consumir alcohol salvo autorización, mantener un comportamiento adecuado).
- **Cumplir con las normas de seguridad**: por ejemplo, el uso del cinturón cuando el vehículo lo tenga instalado.
- **Seguir las indicaciones del personal** del transportista (conductor o empleados de la empresa).

La relación entre viajero y transportista es de carácter recíproco:

- El viajero tiene derecho a exigir la prestación contratada, pero debe cumplir sus deberes para no obstaculizar el servicio.

- El transportista, por su parte, debe respetar los derechos del viajero sin abusar de su posición dominante como prestador del servicio.

Este equilibrio contractual está garantizado por la intervención normativa, que protege al viajero como parte más vulnerable.

Un pasajero compra un billete para viajar de Granada a Córdoba. Durante el trayecto, exige un transporte seguro y puntual (derecho), pero al mismo tiempo debe conservar su billete, ocupar su asiento y mantener un comportamiento adecuado dentro del autobús (obligaciones). Si el autobús se retrasa dos horas por causas imputables a la empresa, el pasajero tiene derecho a compensación conforme al Reglamento (UE) 181/2011.

El viajero no es un sujeto pasivo, sino un contratante activo con derechos reconocidos y obligaciones correlativas. Su figura es esencial porque el contrato solo cobra sentido en la medida en que existe una persona que necesita el servicio y cuyo interés está protegido por la ley.

7. Explicación de elementos reales. Régimen tarifario servicios públicos de transporte de viajeros

En el contrato de transporte de viajeros por carretera, el precio constituye el elemento real esencial, ya que materializa el carácter oneroso del contrato. Sin el pago de un precio —o, al menos, el compromiso de hacerlo— no puede hablarse propiamente de contrato de transporte, salvo en casos excepcionales de gratuidad establecidos legalmente (por ejemplo, servicios públicos especiales o bonificados por la Administración).

Fig. 12. El precio representa la contraprestación económica que el viajero debe entregar al transportista como condición para obtener el servicio de traslado

Su pago no es solo una obligación del viajero, sino también una garantía de viabilidad económica para el transportista, que de este modo asegura la sostenibilidad de la actividad. Es un elemento indispensable: si no hay precio, no hay contrato válido de transporte de viajeros, sino una mera liberalidad o favor.

El precio puede abonarse de distintas maneras, dependiendo del tipo de servicio:

1. **Pago directo e inmediato**: el viajero paga al adquirir el billete, ya sea en taquilla, a través de plataformas digitales o directamente al conductor en transportes urbanos.
2. **Pago anticipado**: habitual en billetes adquiridos online o en reservas para viajes de largo recorrido.
3. **Pago indirecto o por terceros**: cuando el contrato lo financia una entidad (empresa, colegio, asociación), aunque los beneficiarios sean los viajeros.
4. **Pago diferido**: menos frecuente, pero posible en acuerdos colectivos, donde la entidad contratante abona el servicio al transportista una vez prestado.

El precio cumple varias funciones en la práctica contractual:

- **Genera derechos y deberes recíprocos**: el viajero obtiene derecho a ser transportado y el transportista a recibir la contraprestación económica.
- **Delimita el alcance del servicio**: el importe abonado se corresponde con un trayecto, unas condiciones y unos derechos concretos (p. ej., derecho a equipaje incluido, derecho a asiento numerado, etc.).
- **Refleja el tipo de servicio**: en los regulares, responde a tarifas fijadas por la Administración; en los discrecionales, resulta de la libre negociación entre transportista y cliente.
- **Actúa como criterio de responsabilidad**: en caso de incumplimiento, el reembolso del precio o su devolución proporcional es el primer paso de la compensación al viajero.

Ejemplo

Un viajero compra un billete por 18 € para la ruta Madrid–Ávila. Ese precio es el elemento real que convierte el acuerdo en un contrato de transporte: el pasajero tiene derecho al traslado en condiciones de seguridad, y la empresa tiene derecho a conservar el importe salvo que incumpla su obligación de prestar el servicio.

El **régimen tarifario** en el transporte público de viajeros por carretera no queda al libre arbitrio del transportista. Debido a la naturaleza de servicio público esencial, la Administración interviene directamente en la fijación y control de las tarifas, con el objetivo de asegurar la accesibilidad económica, la igualdad entre usuarios y la sostenibilidad del servicio.

En los servicios regulares de uso general, las tarifas deben ser aprobadas por la Administración competente (estatal, autonómica o local, según la ruta). Esto implica que:

- La empresa concesionaria propone un cuadro tarifario, pero no puede aplicarlo sin autorización previa.

- La Administración valora criterios como la distancia del recorrido, los costes de explotación, la calidad del servicio, la frecuencia y las necesidades de la población.
- Una vez autorizadas, las tarifas deben ser públicas, transparentes y accesibles para todos los usuarios, evitando discriminaciones.

En el **transporte discrecional**, el régimen tarifario es distinto:

- El precio se negocia libremente entre el transportista y el cliente (empresa, colegio, grupo turístico).
- No existe una tarifa impuesta por la Administración, aunque sigue siendo obligatorio respetar las normas fiscales y de seguridad.
- El precio se formaliza en un contrato colectivo o en una hoja de ruta que acredita las condiciones pactadas.

El régimen tarifario público contempla también descuentos y bonificaciones, que garantizan el acceso al transporte a colectivos específicos:

- **Familias numerosas**: descuentos obligatorios en billetes de servicios regulares.
- **Estudiantes, personas mayores y jóvenes**: reducciones aplicadas en determinados servicios interurbanos o urbanos, a menudo financiadas por convenios entre Administraciones y empresas.
- **Personas con discapacidad**: beneficios adicionales para garantizar el derecho a la movilidad en igualdad de condiciones.

Para asegurar que las tarifas se aplican correctamente, la normativa exige que:

- El precio autorizado figure claramente en los billetes o títulos de transporte.
- Se prohíba cobrar recargos arbitrarios o precios distintos a los autorizados.
- La Administración pueda realizar inspecciones y sancionar en caso de incumplimiento.

Ejemplo

Una empresa concesionaria de la línea Madrid–Guadalajara solicita autorización para actualizar sus tarifas debido al incremento del precio del combustible. La Administración estudia la propuesta y aprueba un aumento moderado, equilibrando la viabilidad económica de la empresa con la protección de los usuarios. Desde ese momento, la empresa debe aplicar exclusivamente las tarifas autorizadas, sin añadir suplementos no aprobados.

Fig. 13. El régimen tarifario convierte al precio en un instrumento de política pública, no solo en un elemento económico; de este modo, se asegura que el transporte de viajeros por carretera cumpla su función social, evitando que los intereses económicos del transportista perjudiquen el derecho a la movilidad de la ciudadanía

8. Explicación de elementos formales. Billetes y talones de viaje

El **billete** es el documento formal por excelencia en el contrato de transporte de viajeros por carretera. A pesar de su aparente sencillez, cumple una función esencial: acredita la existencia del contrato, fija sus condiciones básicas y constituye la prueba jurídica del derecho del viajero a ser transportado.

El billete cumple varias funciones:

1. **Probatoria**: sirve como prueba del contrato. Ante un conflicto (cancelación, retraso, denegación de embarque), el billete acredita que el pasajero celebró válidamente el contrato y tiene derecho a exigir su cumplimiento.

2. **Informativa**: proporciona al viajero datos claros sobre el servicio contratado (trayecto, horario, precio, condiciones de uso).
3. **De control administrativo y fiscal**: permite a la Administración supervisar que la empresa aplica tarifas autorizadas y cumple con las condiciones de la concesión. También sirve de soporte para obligaciones tributarias.

La normativa exige que el billete contenga, al menos, la siguiente información:

- Origen y destino del viaje.
- Fecha y hora de salida.
- Precio abonado y desglose de impuestos aplicables.
- Número de asiento, cuando el servicio disponga de plazas numeradas.
- Identificación de la empresa transportista.
- Condiciones esenciales de uso, como límites de equipaje, derecho a cancelación o reglas de acceso.

 Anotación

En trayectos internacionales o servicios de larga distancia, el billete puede incluir cláusulas adicionales sobre compensaciones, seguros o derechos de los pasajeros según normativa europea.

Los formatos del billete son:

- **Billete físico en papel**: tradicional, emitido en taquilla o a bordo del vehículo. Todavía es común en servicios interurbanos y regulares.
- **Billete digital**: se emite en forma de código QR, PDF descargable o a través de aplicaciones móviles. Tiene el mismo valor jurídico que el físico, siempre que pueda ser verificado electrónicamente.
- **Billete combinado o integrado**: válido para varios tramos o modos de transporte (por ejemplo, bus + metro), donde un único título acredita varios contratos vinculados.

El billete es mucho más que un mero "pase de acceso":

- Garantiza el derecho a ocupar una plaza en las condiciones pactadas.
- Sirve como prueba en caso de reclamaciones ante el transportista, la Administración o las Juntas Arbitrales de Transporte.
- Asegura la transparencia en la relación contractual, ya que documenta todos los elementos esenciales del acuerdo.

 **Ejemplo**

Un pasajero adquiere un billete digital por 22 € para viajar de Valencia a Madrid. El documento incluye la fecha, la hora, el asiento asignado y el precio. Durante el trayecto, el autobús se retrasa más de dos horas. Gracias al billete, el pasajero puede acreditar la contratación y exigir compensación conforme al Reglamento (UE) 181/2011.

Fig. 14. El billete, aunque pueda parecer un simple papel o código digital, es el instrumento formal que materializa el contrato; sin él, sería mucho más difícil para el viajero probar sus derechos frente al transportista o reclamar en caso de incumplimiento

El **talón de viaje** es un documento formal utilizado principalmente en los servicios regulares de uso especial, como los transportes escolares, laborales o de colectivos específicos. A diferencia del billete, que corresponde a contratos individuales entre cada pasajero y el transportista, el talón de viaje se vincula a un contrato colectivo celebrado entre el transportista y una entidad (centro educativo, empresa, asociación, etc.), y se distribuye a los usuarios beneficiarios del servicio.

 **Anotación**

¿Cuáles son las diferencias con el billete?

- El billete acredita un contrato individual para un trayecto específico y está asociado a un pago directo del pasajero.
- El talón de viaje se enmarca dentro de un contrato colectivo: no prueba un contrato individual nuevo, sino la inclusión de un pasajero en un servicio previamente contratado y autorizado.

El talón de viaje cumple una serie de funciones específicas:

1. **Acreditativa**: demuestra que el usuario pertenece al grupo autorizado para utilizar el servicio colectivo.

2. **De control administrativo**: permite a las autoridades verificar que el transporte se ajusta a la autorización otorgada, identificando a los pasajeros que tienen derecho a usarlo.

3. **Organizativa**: facilita al transportista y a la entidad contratante la gestión del servicio, ya que cada usuario dispone de un documento individual dentro de un contrato colectivo.

Aunque su formato puede variar, un talón de viaje suele incluir:

- Identificación del servicio (origen, destino, rutas y horarios autorizados).
- Nombre de la entidad contratante (centro escolar, empresa, etc.).
- Datos del transportista que presta el servicio.
- Identificación del usuario autorizado (en algunos casos nominal, como los alumnos de un colegio).
- Periodo de validez (curso escolar, temporada laboral, etc.).
- Normas de utilización (obligación de presentar el talón, comportamiento adecuado, uso del cinturón si corresponde).

Ejemplo

Un colegio firma un contrato con una empresa de autobuses para trasladar diariamente a 40 alumnos desde una urbanización hasta el centro educativo. Cada estudiante recibe un talón de viaje con su nombre y la ruta correspondiente. Este documento le acredita como usuario autorizado y, en caso de inspección, el transportista puede demostrar que cumple con las condiciones de la autorización administrativa.

El talón de viaje asegura la **formalidad y trazabilidad** en servicios colectivos. Su importancia radica en que no solo organiza la prestación del servicio, sino que protege a los usuarios al vincularlos expresamente a un contrato autorizado, evitando el uso indebido del transporte o la superación del número máximo de plazas autorizadas.

9. Descripción del cumplimiento del contrato

El **cumplimiento del contrato de transporte de viajeros por carretera** supone que tanto el transportista como el viajero ejecutan las obligaciones asumidas en virtud del acuerdo. Dicho de otro modo: el contrato se entiende cumplido cuando el viajero ha sido trasladado en las condiciones pactadas y el transportista ha recibido la contraprestación económica correspondiente.

El transportista cumple el contrato cuando:

- Realiza el trayecto acordado en la fecha, horario y recorrido establecidos.
- Garantiza la seguridad de los pasajeros, manteniendo el vehículo en condiciones técnicas adecuadas y respetando las normas de circulación.
- Ofrece el servicio en las condiciones pactadas: asiento reservado si procede, climatización, accesibilidad para personas con discapacidad, transporte de equipaje según lo permitido.
- Entrega el título de transporte válido (billete o talón) que acredita la relación contractual.

Fig. 15. El cumplimiento es total si el viajero llega a su destino en tiempo y forma, y el servicio se ha prestado sin incidencias imputables al transportista

El viajero, por su parte, cumple el contrato cuando:

- **Abona el precio del transporte** en la forma y el momento previstos.
- **Conserva y presenta el billete** o título de transporte en caso de control o inspección.
- **Respeta las normas de uso y convivencia** durante el viaje (no alterar el orden, mantener un comportamiento adecuado, no consumir sustancias prohibidas).
- **Cumple con las normas de seguridad**: uso obligatorio del cinturón de seguridad si está instalado, no interferir en la conducción, colocación correcta del equipaje.

Anotación

El cumplimiento se materializa cuando el pasajero hace un uso legítimo del derecho adquirido, sin obstaculizar el normal desarrollo del servicio.

El cumplimiento del contrato debe evaluarse teniendo en cuenta tres criterios básicos:

1. **Exactitud**: que las prestaciones se correspondan con lo acordado (trayecto, condiciones del viaje, precio).
2. **Integridad**: que se ejecuten todas las obligaciones principales y accesorias.
3. **Buena fe**: que ambas partes actúen conforme a la confianza y lealtad que exige la relación contractual.

Ejemplo

Un pasajero compra un billete de autobús para viajar de Salamanca a Valladolid el 12 de marzo a las 9:00. El autobús parte a la hora prevista, el pasajero ocupa su asiento, paga el precio y conserva su billete hasta el final del trayecto. El viaje se desarrolla con normalidad y llega a destino puntualmente. En este caso, ambas partes han cumplido íntegramente sus obligaciones y el contrato se da por ejecutado sin incidencias.

El cumplimiento no se reduce al simple "traslado físico" de personas: implica también el respeto a las condiciones de seguridad, accesibilidad, puntualidad y legalidad que conforman la esencia del contrato. Solo cuando todos estos aspectos se observan puede hablarse de un cumplimiento válido y completo.

U. A. 2. Explicación de los elementos del contrato

Resumen

El contrato de transporte de viajeros por carretera se fundamenta en una serie de elementos esenciales que garantizan su validez jurídica y permiten que despliegue efectos en la práctica. Estos elementos son comunes a la teoría general de los contratos, pero en este caso adquieren particularidades derivadas de la regulación pública y de la función social que desempeña el transporte.

El consentimiento es el punto de partida del contrato: sin la voluntad válida y coincidente de transportista y viajero, no puede hablarse de obligación alguna. Este consentimiento puede ser expreso, cuando se manifiesta claramente mediante la compra de un billete o la firma de un contrato, o tácito, cuando se deduce de acciones como validar una tarjeta de transporte. Para que sea válido, debe cumplir requisitos de capacidad legal, voluntariedad y coincidencia de voluntades.

El objeto del contrato consiste en el traslado de personas de un lugar a otro mediante el pago de un precio. Para ser válido, debe ser posible material y jurídicamente, lícito en cuanto a su conformidad con la normativa y el interés general, y determinado o determinable, de modo que las condiciones del servicio (trayecto, fecha, precio, asiento) estén claras y exigibles.

La causa del contrato representa la justificación económico-social del acuerdo. Para el viajero, la causa es la necesidad de desplazarse en condiciones de seguridad y puntualidad; para el transportista, la obtención de un beneficio legítimo a cambio del servicio. La causa debe existir, ser lícita y verdadera, ya que sin ella el contrato carecería de validez.

La forma del contrato se caracteriza por su simplicidad. Aunque el consentimiento basta para que exista el acuerdo, la ley exige soportes documentales que lo acrediten. El billete es el instrumento más habitual, pero también existen abonos, talones de viaje o contratos colectivos en el caso de servicios discrecionales o de uso especial. Estos documentos cumplen funciones probatorias, informativas y de control administrativo.

En cuanto a los elementos personales, el transportista es el sujeto que asume la obligación principal de trasladar a los pasajeros, siempre bajo autorización administrativa y cumpliendo requisitos de capacidad técnica, profesional y económica. El viajero, por su parte, es titular de derechos reconocidos (seguridad, información, no discriminación, compensación) y de obligaciones correlativas (pago del precio, respeto de normas, conservación del billete).

Los elementos reales y formales completan la estructura del contrato. El precio, fijado por la Administración en los servicios regulares o negociado en los discrecionales, es la contraprestación esencial que convierte al contrato en oneroso. Los documentos como billetes o talones acreditan la existencia del acuerdo y aseguran su trazabilidad y legalidad.

Finalmente, el cumplimiento del contrato se produce cuando ambas partes ejecutan las obligaciones asumidas: el transportista realiza el traslado en las condiciones pactadas y el viajero paga el precio y respeta las normas. El cumplimiento no se limita al hecho de llegar al destino, sino que incluye la observancia de la seguridad, la puntualidad, la accesibilidad y la buena fe contractual.

Glosario

Billete de transporte

Documento simplificado que acredita el contrato individual de transporte, con información básica como trayecto, fecha, precio y condiciones.

Causa del contrato

Razón económico-social que justifica el acuerdo. Para el viajero, el interés en desplazarse; para el transportista, el interés en obtener un beneficio económico.

Consentimiento

Acuerdo de voluntades entre transportista y viajero que da origen al contrato. Puede ser expreso (compra de billete) o tácito (validación de tarjeta).

Cumplimiento del contrato

Ejecución de las obligaciones pactadas por ambas partes: traslado seguro y puntual por parte del transportista, y pago y respeto de normas por parte del viajero.

Elementos formales

Documentos que acreditan la existencia del contrato y sus condiciones: billetes, abonos, talones de viaje o contratos colectivos.

Elementos personales

Sujetos que intervienen en el contrato: el transportista (quien presta el servicio) y el viajero (quien adquiere el derecho a ser transportado).

Elementos reales

Aspectos económicos y materiales del contrato, principalmente el precio o tarifa del transporte y las condiciones asociadas.

Forma del contrato

Manera en que se documenta el consentimiento de las partes. En el transporte, se materializa en billetes, abonos, talones de viaje o contratos colectivos.

Objeto del contrato

Prestación que constituye la finalidad del acuerdo: el traslado de personas de un lugar a otro mediante el pago de un precio. Debe ser posible, lícito y determinado.

Régimen tarifario

Sistema de fijación de precios en los servicios de transporte. En los servicios regulares suele estar autorizado por la Administración; en los discrecionales se negocia libremente.

Servicio discrecional

Modalidad de transporte pactada libremente entre cliente y transportista, sin itinerarios ni horarios preestablecidos, habitual en excursiones o viajes de grupo.

Servicio regular

Modalidad de transporte con itinerarios, frecuencias, horarios y tarifas previamente autorizados por la Administración.

Talón de viaje

Documento usado en servicios colectivos (escolares, laborales), que acredita a cada usuario como beneficiario de un contrato ya celebrado entre transportista y entidad contratante.

Transportista

Persona física o jurídica autorizada para realizar el traslado de viajeros, con obligaciones de seguridad, accesibilidad y cumplimiento normativo.

Viajero

Persona que adquiere el derecho a ser transportada en virtud del contrato, con derechos (seguridad, información, compensación) y obligaciones (pago, respeto de normas).

Ejercicios de autoevaluación

1. ¿Qué elemento del contrato da origen a la obligación de las partes?

a. La forma.

b. El objeto.

c. La causa.

d. El consentimiento.

2. ¿Cuál de los siguientes es un requisito del consentimiento válido?

a. Que exista voluntariedad y capacidad legal.

b. Que siempre se otorgue por escrito.

c. Que intervenga un notario.

d. Que el precio esté previamente fijado.

3. ¿Qué constituye el objeto del contrato de transporte de viajeros por carretera?

a. La compra de un billete.

b. El traslado de personas de un lugar a otro mediante el pago de un precio.

c. El régimen tarifario aprobado por la Administración.

d. El título de transporte.

4. ¿Qué característica debe reunir el objeto del contrato para ser válido?

a. Ser oneroso y consensual.

b. Ser posible, lícito y determinado o determinable.

c. Ser gratuito y verbal.

d. Ser firmado por ambas partes.

5. ¿Cuál es la causa del contrato para el viajero?

a. El interés en desplazarse de un punto a otro en condiciones seguras y puntuales.

b. Obtener un beneficio económico.

c. El interés en fijar una tarifa autorizada.

d. La emisión del billete por parte del transportista.

6. ¿Qué documento acredita la existencia del contrato individual de transporte?

a. La hoja de ruta.

b. El talón de viaje.

c. El billete.

d. El permiso de conducir.

7. ¿Qué caracteriza a los servicios discrecionales de transporte?

a. Tarifas fijadas por la Administración.

b. Itinerarios y horarios preestablecidos.

c. Acceso abierto a cualquier usuario.

d. Condiciones pactadas libremente entre cliente y transportista.

8. ¿Cuál de los siguientes es un derecho reconocido al viajero?

a. Modificar unilateralmente el itinerario.

b. Negarse a conservar el billete durante el trayecto.

c. Recibir información clara sobre horarios y tarifas.

d. Fijar el precio del transporte según su conveniencia.

9. ¿Qué función cumple la forma del contrato en el transporte?

a. Sustituir el consentimiento de las partes.

b. Eliminar la necesidad de control administrativo.

c. Probar la existencia del contrato y garantizar la transparencia.

d. Permitir que el contrato sea siempre gratuito.

10.¿Cuándo se entiende cumplido el contrato de transporte?

a. Cuando el transportista fija la tarifa.

b. Cuando el viajero conserva el billete.

c. Cuando el viajero es trasladado en las condiciones pactadas y el transportista recibe el precio.

d. Cuando la Administración aprueba el servicio.

U. A. 3. Identificación de los derechos y obligaciones de los contratantes

Introducción

El contrato de transporte de viajeros por carretera establece una relación jurídica en la que intervienen dos partes principales: el transportista, como prestador del servicio, y el viajero, como destinatario del mismo. Esta relación se caracteriza por un equilibrio de derechos y obligaciones que garantiza tanto la viabilidad económica de la actividad como la protección de los usuarios.

El transportista asume la responsabilidad de materializar la prestación fundamental (el traslado en condiciones de seguridad, legalidad y puntualidad) y, al mismo tiempo, goza del derecho a percibir el precio del servicio y a exigir el cumplimiento de normas básicas de seguridad y convivencia.

Por su parte, el viajero cuenta con un conjunto de derechos reconocidos en la normativa nacional y europea (información, seguridad, accesibilidad, compensación), pero también con obligaciones esenciales como pagar el precio, conservar el título de transporte y respetar las reglas de uso.

El conocimiento de este entramado recíproco es esencial para comprender cómo se articula el contrato. Además, la normativa de transporte, incluida la Ley de Ordenación de los Transportes Terrestres (LOTT) y el Reglamento (UE) nº 181/2011, refuerza esta relación, otorgando garantías adicionales a los pasajeros y mecanismos de resolución de conflictos como las Juntas Arbitrales del Transporte, que ofrecen un cauce ágil y gratuito para reclamar frente a incumplimientos.

En definitiva, la identificación de derechos y obligaciones en el contrato de transporte permite apreciar la importancia del equilibrio contractual: cada derecho reconocido a una de las partes se corresponde con una obligación de la otra, generando un marco de seguridad jurídica y confianza en la prestación del servicio.

Objetivos

- Identificar los principales derechos y obligaciones del transportista en el contrato de transporte.
- Reconocer los derechos básicos del viajero, tanto en el ámbito nacional como europeo.
- Analizar las obligaciones esenciales del viajero para garantizar el correcto desarrollo del servicio.
- Explicar el principio de reciprocidad entre derechos y obligaciones de ambas partes.
- Distinguir los derechos comunes que protegen a transportista y viajero en el marco del contrato.
- Describir el papel de las Juntas Arbitrales del Transporte como órganos especializados en la resolución de conflictos.
- Valorar la importancia del equilibrio contractual como garantía de seguridad, legalidad y servicio público.

U. A. 3. Identificación de los derechos y obligaciones de los contratantes

1. Descripción de las obligaciones de las partes del contrato

En el contrato de transporte de viajeros por carretera, tanto el transportista como el viajero asumen un conjunto de derechos y obligaciones recíprocos. Estos definen la relación jurídica entre las partes y garantizan el equilibrio del acuerdo. Su identificación resulta esencial para comprender cómo se articula la prestación del servicio y cómo se protegen los intereses de ambos.

Fig. 1. El transportista, como prestador del servicio, goza de ciertos derechos que le permiten asegurar la viabilidad económica y la correcta gestión del transporte

Al mismo tiempo, asume obligaciones derivadas de su posición de garante de la seguridad y la legalidad del servicio.

Algunos ejemplos ilustrativos de estos derechos y obligaciones pueden representarse en la siguiente tabla:

Derechos del transportista	Obligaciones del transportista
Percibir el precio pactado por el servicio.	Realizar el traslado en las condiciones contratadas (origen, destino, horario).
Exigir al viajero el cumplimiento de normas de seguridad y convivencia.	Mantener los vehículos en condiciones técnicas adecuadas.
Negar el acceso al transporte a quien no cumpla las condiciones (p. ej., falta de billete).	Garantizar la seguridad física de los pasajeros durante todo el trayecto.
Recibir apoyo de la autoridad en caso de alteración grave del orden.	Entregar un título de transporte válido (billete, abono, talón).

El viajero, como destinatario del servicio, se sitúa en una posición de protección reforzada por la normativa. Disfruta de derechos que garantizan su movilidad, seguridad y trato igualitario. Sin embargo, también está sujeto a obligaciones necesarias para permitir la correcta prestación del servicio:

- El viajero tiene derecho a recibir información sobre horarios, tarifas y condiciones del servicio.
- El viajero tiene derecho a ser transportado con seguridad y en condiciones de accesibilidad.
- El viajero tiene derecho a reclamar y, en su caso, ser compensado por retrasos, cancelaciones o incumplimientos.
- El viajero tiene la obligación de abonar el precio del billete o título de transporte correspondiente.
- El viajero tiene la obligación de conservar y presentar dicho billete durante el viaje.
- El viajero tiene la obligación de respetar las normas de uso del transporte y mantener un comportamiento adecuado a bordo.

El contrato se sostiene sobre un **equilibrio de prestaciones**: los derechos de una parte se corresponden con las obligaciones de la otra. Así, el derecho del transportista a cobrar el precio se corresponde con la obligación del viajero de pagarlo; y el derecho del viajero a ser transportado en condiciones de seguridad se corresponde con la obligación del transportista de garantizarlo.

Ejemplo

Un pasajero que adquiere un billete en una línea interurbana obtiene el derecho a ser transportado en las condiciones indicadas. A cambio, está obligado a pagar el precio, conservar el billete y respetar las normas de seguridad (como usar el cinturón). El transportista, por su parte, tiene derecho a recibir el importe y a que se cumplan esas normas, pero está obligado a prestar el servicio puntualmente y con un vehículo en condiciones técnicas adecuadas.

El **transportista** es la parte principal obligada en el contrato, ya que asume la responsabilidad de materializar la prestación fundamental: trasladar al viajero de un lugar a otro en condiciones de seguridad, legalidad y puntualidad. Estas obligaciones derivan no solo del acuerdo con el pasajero, sino también de la normativa de transporte, que protege el interés general y otorga al servicio un carácter público.

El transportista debe cumplir con un conjunto de deberes esenciales, que pueden agruparse en diferentes categorías:

- **Obligación de prestar el servicio contratado**: el transportista está obligado a realizar el trayecto en el origen, destino, fecha y hora previstos, garantizando el cumplimiento de lo pactado en el título de transporte.
- **Obligación de garantizar la seguridad de los pasajeros**: debe mantener los vehículos en condiciones técnicas óptimas, cumplir la normativa de tráfico y asegurar que el personal conductor reúne las condiciones de capacitación y descanso necesarias.
- **Obligación de accesibilidad y no discriminación**: está obligado a facilitar el acceso a personas con discapacidad o movilidad reducida, proporcionando plazas adaptadas y asistencia, de acuerdo con la normativa nacional y el Reglamento (UE) 181/2011.
- **Obligación de emitir el título de transporte**: debe proporcionar al viajero el billete, abono o documento que acredite el contrato, ya sea en formato físico o digital, con la información mínima exigida.
- **Obligación de cumplir con la normativa administrativa y fiscal**: el transportista debe aplicar las tarifas autorizadas, respetar la concesión o autorización otorgada y entregar títulos válidos que permitan a la Administración el control tributario y estadístico.
- **Obligación de responder por daños o incumplimientos**: está obligado a indemnizar a los pasajeros en caso de accidentes, pérdida de equipaje, retrasos o cancelaciones cuando le sean imputables.

Existen además deberes que, aunque no siempre se aplican en todos los viajes, forman parte del marco legal del transportista:

- **Obligación de asistencia**: en caso de cancelación, retraso prolongado o incidencia grave, debe ofrecer alternativas razonables (reembolso del billete, transporte alternativo, atención a los pasajeros en espera).
- **Obligación de información**: debe comunicar con claridad cualquier alteración del servicio (horarios, paradas, cambios en la ruta).
- **Obligación de atención en emergencias**: en situaciones de accidente, el transportista y su personal deben prestar ayuda inmediata a los viajeros y facilitar el contacto con los servicios de emergencia.

 Ejemplo

Una empresa de autobuses tiene la concesión de una línea regular entre Zaragoza y Huesca. Está obligada a cumplir con las frecuencias y horarios aprobados, a garantizar que sus vehículos pasen las revisiones técnicas y a admitir a pasajeros con movilidad reducida en condiciones de igualdad. Si cancela un viaje sin ofrecer una alternativa razonable, incumple sus obligaciones contractuales y legales, debiendo compensar a los usuarios afectados.

Las obligaciones del transportista no se limitan a trasladar físicamente a los pasajeros: incluyen un **marco de deberes amplio y garantista**, orientado a proteger al usuario y a asegurar que el transporte cumpla su función social como servicio de interés general.

A. Obligaciones del viajero en el contrato de transporte de viajeros

El **viajero** no es únicamente un beneficiario pasivo del servicio, sino una parte activa del contrato que debe cumplir ciertas obligaciones esenciales para que el transporte pueda desarrollarse de forma correcta, segura y en condiciones de igualdad para todos los usuarios. Estas obligaciones se derivan tanto del acuerdo con el transportista como de la normativa que regula los servicios públicos de transporte.

Las obligaciones más relevantes que asume el viajero pueden agruparse en varias categorías:

- **Obligación de pagar el precio del transporte**: el viajero debe abonar el billete o título correspondiente en el momento de la compra o al acceder al vehículo, según el sistema establecido. Viajar sin título válido constituye un incumplimiento contractual y puede acarrear sanciones.
- **Obligación de conservar y presentar el billete**: durante el trayecto, el pasajero debe tener disponible el billete, tarjeta o talón de viaje, y mostrarlo en caso de control o inspección.
- **Obligación de respetar las normas de convivencia**: el viajero debe mantener un comportamiento adecuado dentro del vehículo, evitando actos que alteren el orden, molesten a otros pasajeros o interfieran en el trabajo del conductor.
- **Obligación de cumplir las normas de seguridad**: incluye el uso del cinturón de seguridad cuando el vehículo esté equipado, la correcta colocación del equipaje en los espacios habilitados y la no manipulación de dispositivos de seguridad.
- **Obligación de acatar las instrucciones del personal del transportista**: el viajero debe seguir las indicaciones del conductor o personal de servicio, especialmente en casos de emergencia o incidencias.

Además de las obligaciones generales, existen otras que pueden aplicarse en determinados contextos:

- **Obligación de cuidado de menores o personas dependientes**: cuando viajan acompañados, sus responsables deben garantizar que cumplen las normas de seguridad y convivencia.
- **Obligación de uso correcto de abonos o descuentos**: si el pasajero se beneficia de tarifas reducidas (por ejemplo, por ser estudiante, jubilado o familia numerosa), debe acreditar documentalmente su derecho a la bonificación.

- **Obligación de no dañar el vehículo ni sus instalaciones**: el viajero responde de los daños materiales que cause de manera intencionada o por negligencia.

El incumplimiento de estas obligaciones puede tener consecuencias que van desde la expulsión del vehículo hasta sanciones económicas. En casos graves (fraude reiterado, alteración del orden público, daños materiales), el transportista puede solicitar la intervención de la autoridad competente.

Ejemplo

Un pasajero aborda un autobús urbano sin validar su tarjeta de transporte. Durante una inspección, no puede acreditar el pago del servicio. El viajero incumple así su obligación principal —pagar y conservar el título de transporte—, lo que conlleva la imposición de una sanción administrativa además de la obligación de abonar el precio del billete.

Fig. 2. Las obligaciones del viajero, aunque más limitadas que las del transportista, son fundamentales para asegurar el buen funcionamiento del contrato: cumplirlas contribuye a la seguridad, la convivencia y la eficiencia del transporte público

B. Obligaciones comunes y de cooperación entre las partes

Aunque el transportista y el viajero tienen obligaciones diferenciadas, existen deberes que requieren una colaboración recíproca para que el contrato pueda cumplirse en condiciones adecuadas. Estos deberes comunes no se derivan únicamente del contenido explícito del contrato, sino también de los principios de buena fe contractual y del carácter de servicio público que reviste el transporte de viajeros.

- **Obligación de actuar con buena fe.** Tanto el transportista como el viajero deben actuar conforme al principio de buena fe, lo que implica comportarse de manera honesta, leal y respetuosa en la ejecución del contrato.
  - o El transportista debe informar de forma clara y veraz sobre horarios, tarifas y condiciones del servicio.
  - o El viajero debe aportar datos reales en la compra de billetes y no intentar obtener ventajas indebidas (como el uso de descuentos a los que no tiene derecho).

- **Obligación de respetar el contrato y sus condiciones.** Ambas partes deben ajustarse a las condiciones previamente pactadas:
  - o El transportista cumpliendo el recorrido, horarios y tarifas autorizados.
  - o El viajero utilizando el servicio únicamente en los términos permitidos por el billete adquirido (trayecto, fecha, número de plazas, equipaje admitido).

- **Obligación de colaboración en situaciones de emergencia o incidencias.** El contrato implica también deberes de cooperación en circunstancias especiales:
  - o El transportista debe adoptar medidas inmediatas para proteger a los pasajeros en caso de avería, accidente o evacuación.
  - o Los viajeros deben seguir las instrucciones del personal y mantener la calma, colaborando en la evacuación o en el uso de sistemas de seguridad.

- **Obligación de preservar la seguridad y la convivencia.** Ambas partes comparten el deber de garantizar que el viaje transcurra en condiciones de seguridad y orden:
  - o El transportista, mediante el mantenimiento del vehículo y el cumplimiento de normas técnicas.
  - o El viajero, evitando conductas que pongan en peligro su propia integridad o la de los demás (por ejemplo, no levantarse mientras el vehículo está en marcha si está prohibido).

Ejemplo

Durante un viaje interurbano, el autobús sufre una avería en carretera. El transportista cumple con su deber de seguridad al detener el vehículo en un lugar seguro y solicitar un transporte alternativo. Los viajeros, por su parte, cumplen su obligación de cooperación siguiendo las instrucciones para evacuar ordenadamente y esperar en la zona indicada. Este comportamiento conjunto permite gestionar la incidencia sin riesgos adicionales.

Las obligaciones comunes refuerzan el carácter **relacional y colaborativo** del contrato de transporte. El éxito del servicio no depende solo de la empresa ni solo de los pasajeros, sino de la interacción responsable de ambas partes.

2. Explicación del Derecho de las partes del contrato

El **transportista**, como parte encargada de prestar el servicio de traslado, no solo asume obligaciones, sino que también dispone de una serie de derechos reconocidos por la normativa y por el propio contrato. Estos derechos buscan garantizar la viabilidad económica del servicio, mantener el orden durante el trayecto y equilibrar la relación contractual frente a los deberes que asume el viajero.

Los derechos más relevantes que asisten al transportista en el contrato de transporte de viajeros por carretera son los siguientes:

- **Derecho a percibir el precio del servicio**: el transportista tiene derecho a que el viajero abone el importe del billete o del contrato colectivo en la forma y momento establecidos. Sin esta contraprestación, el contrato carece de eficacia.
- **Derecho a exigir la presentación del título de transporte**: el transportista puede solicitar que el viajero muestre el billete, tarjeta o talón como prueba del contrato. En caso de no disponer de un título válido, puede denegar el acceso o imponer la regularización correspondiente.
- **Derecho a establecer normas de uso y convivencia**: el transportista puede fijar condiciones mínimas para garantizar la seguridad y comodidad del viaje

(por ejemplo, prohibición de fumar, obligación de ocupar la plaza asignada, respeto al equipaje ajeno).

- **Derecho a negar el acceso en casos justificados**: está facultado para impedir la entrada o expulsar del vehículo a quienes viajen sin título válido, incumplan gravemente las normas de convivencia o representen un riesgo para la seguridad del servicio.
- **Derecho a recibir apoyo de la autoridad pública**: en situaciones de alteración grave del orden, agresiones o incidentes que superen su capacidad de control, el transportista tiene derecho a solicitar la intervención de las fuerzas de seguridad.

Además de los derechos frente al viajero, el transportista cuenta con derechos específicos frente a la Administración que regula el servicio:

- Derecho a operar dentro de la concesión o autorización otorgada, respetando los itinerarios y horarios aprobados.
- Derecho a solicitar revisiones tarifarias cuando los costes de explotación lo justifiquen, especialmente en los servicios públicos concesionados.
- Derecho a recibir protección frente al intrusismo o la competencia desleal de transportes no autorizados.

Ejemplo

Una empresa concesionaria de la línea interurbana Sevilla–Cádiz detecta a un pasajero que viaja sin billete. El transportista está en su derecho de exigir la regularización de la situación (cobro del billete más posible recargo) o de impedir que continúe el trayecto. Si el pasajero se niega y genera altercados, la empresa puede solicitar la intervención de la policía.

Los derechos del transportista son el contrapeso natural de sus obligaciones: le permiten mantener el orden, proteger la seguridad y garantizar la sostenibilidad del servicio. Sin ellos, el contrato quedaría desequilibrado y la prestación sería inviable en la práctica.

A. Derechos del viajero en el contrato de transporte

El **viajero** es el destinatario principal de la protección legal en el contrato de transporte de viajeros por carretera. Dado que se encuentra en una posición de parte más débil, la normativa nacional y europea le reconoce un conjunto de derechos amplios que garantizan no solo el traslado físico, sino también la seguridad, la información, la accesibilidad y la compensación en caso de incidencias.

Los derechos más relevantes que asisten al viajero en este contrato son:

- **Derecho de acceso al transporte**: toda persona que cumpla las condiciones generales (pago del billete, respeto de normas de uso) tiene derecho a ser transportada sin discriminación alguna.
- **Derecho a la seguridad**: el viaje debe realizarse en condiciones técnicas adecuadas, con vehículos homologados y conductores capacitados. Incluye también el derecho a que existan seguros obligatorios que cubran posibles daños en caso de accidente.
- **Derecho a la información**: el viajero debe recibir información clara y suficiente sobre horarios, tarifas, condiciones de uso, incidencias y procedimientos de reclamación.
- **Derecho a la no discriminación**: ninguna persona puede ser excluida o tratada en condiciones de inferioridad por razones de nacionalidad, sexo, edad, discapacidad, religión u otras circunstancias personales o sociales.
- **Derecho a compensación y asistencia**: en caso de cancelaciones, retrasos significativos o interrupciones del viaje imputables al transportista, el pasajero tiene derecho a reembolsos, transporte alternativo o compensaciones económicas.
- **Derecho a accesibilidad**: las personas con discapacidad o movilidad reducida tienen derecho a acceder al servicio en igualdad de condiciones, con adaptaciones razonables y asistencia necesaria.
- **Derecho a reclamar**: el viajero puede presentar reclamaciones ante la empresa, ante las autoridades competentes de transporte o ante las Juntas Arbitrales, sin perjuicio del acceso a la vía judicial.

En los servicios internacionales o de larga distancia, el **Reglamento (UE) 181/2011** amplía los derechos del pasajero, entre ellos:

- Derecho a compensación económica en caso de retrasos superiores a 2 horas o cancelaciones.
- Derecho a recibir asistencia básica (comida, bebida, alojamiento si fuera necesario) en situaciones de interrupción prolongada del viaje.
- Derecho a recibir información accesible en todo momento durante el trayecto.
- Derecho de las personas con discapacidad a transporte gratuito de equipos de movilidad y asistencia en estaciones y a bordo.

 Ejemplo

Un pasajero con movilidad reducida compra un billete para viajar de Barcelona a Valencia. El autobús dispone de rampas y espacio adaptado, tal como exige la normativa. Durante el trayecto, el vehículo sufre una avería y el viaje se retrasa más de dos horas. En este caso, el viajero tiene derecho a recibir asistencia mientras espera y a compensación económica según el Reglamento (UE) 181/2011.

Los derechos del viajero no se limitan al simple hecho de llegar a destino: abarcan todo el conjunto de condiciones que hacen que el transporte sea seguro, accesible, digno y justo.

Fig. 3. El reconocimiento de los derechos convierte al pasajero en un verdadero sujeto protegido dentro de la relación contractual

B. Derechos comunes de las partes en el contrato

Aunque el transportista y el viajero tienen derechos diferenciados, existen ciertos derechos que, de una u otra forma, benefician a ambos y refuerzan la idea de equilibrio contractual. Estos derechos comunes derivan del principio de igualdad jurídica entre las partes y del carácter bilateral del contrato: lo que se reconoce a una parte como obligación, suele generar un derecho correlativo en la otra.

- **Derechos relacionados con la validez del contrato.** Ambas partes comparten el derecho a la validez del contrato, lo que significa que:
  - El viajero tiene derecho a que el contrato se celebre conforme a la normativa, de manera que pueda ser exigible.
  - El transportista tiene derecho a que el contrato se reconozca como tal, lo que le permite reclamar el cumplimiento de la contraprestación.

- **Derecho a la protección frente al incumplimiento.** El contrato otorga a cada parte la posibilidad de exigir el cumplimiento de la otra o, en su defecto, reclamar compensaciones:
  - El transportista puede exigir el pago del precio o la expulsión del pasajero que incumpla sus deberes.
  - El viajero puede exigir el cumplimiento del trayecto o compensaciones si el servicio no se presta adecuadamente.

En ambos casos, el derecho común es la protección jurídica frente al incumplimiento.

- **Derecho a la resolución del contrato en ciertos supuestos.** Tanto transportista como viajero pueden tener derecho a la resolución anticipada del contrato, siempre que existan causas justificadas:
  - El viajero puede resolver el contrato si el servicio no se presta en condiciones adecuadas o si se producen retrasos/cancelaciones imputables al transportista.
  - El transportista puede resolver el contrato negando el servicio si el pasajero incumple gravemente (falta de pago, conducta violenta o peligrosa).

- **Derecho a acudir a instancias de reclamación.** Ambas partes tienen derecho a acudir a mecanismos de resolución de conflictos:
  - o **Juntas Arbitrales de Transporte**, para reclamaciones rápidas y de menor cuantía.
  - o **Vía judicial**, cuando se trata de conflictos más complejos o de cuantías elevadas.

De esta forma, tanto transportista como viajero cuentan con cauces legales para defender sus intereses.

Un viajero reclama la devolución del precio por un servicio cancelado sin causa justificada. La empresa no accede y la disputa se eleva a la Junta Arbitral. Tanto el viajero (en defensa de su derecho a la compensación) como el transportista (en defensa de sus intereses económicos) ejercen un derecho común: el de acudir a una instancia imparcial para resolver el conflicto.

Los derechos comunes ponen de manifiesto que el contrato de transporte no es una relación unilateral, sino un equilibrio dinámico en el que ambas partes están protegidas y pueden exigir justicia si la otra incumple.

3. Identificación de las Juntas Arbitrales del Transporte

Las **Juntas Arbitrales del Transporte** son órganos de carácter administrativo creados por la Ley de Ordenación de los Transportes Terrestres (LOTT) para ofrecer un mecanismo especializado de resolución de conflictos en el ámbito del transporte. Constituyen un sistema de arbitraje institucional, distinto de la vía judicial, diseñado para resolver de manera rápida, gratuita y eficaz los litigios que surgen entre transportistas y usuarios.

Con respecto a su naturaleza jurídica:

- Son órganos administrativos especializados adscritos a las Administraciones competentes en materia de transporte (normalmente comunidades autónomas o, en determinados casos, el Estado).
- Actúan como árbitros imparciales en las disputas relacionadas con el transporte, aunque no forman parte del Poder Judicial.
- Sus decisiones, denominadas laudos arbitrales, tienen carácter vinculante y ejecutable, lo que significa que tienen la misma eficacia que una sentencia judicial firme.

Las funciones que cumplen las Juntas Arbitrales del Transporte pueden resumirse en las siguientes:

- Resolver reclamaciones de los usuarios frente a los transportistas por incumplimientos contractuales (retrasos, cancelaciones, pérdida de equipaje, deficiencias en la prestación del servicio).
- Resolver conflictos entre transportistas y cargadores/contratantes en el ámbito del transporte de mercancías y viajeros.
- Ofrecer un cauce alternativo al sistema judicial, más ágil y sin costes para las partes.
- Garantizar que se respeten los derechos reconocidos al viajero en la normativa nacional y europea.
- Contribuir a la confianza en el sector del transporte, al ofrecer un mecanismo accesible y especializado de reclamación.

Ejemplo

Un pasajero interpone una reclamación contra una empresa de autobuses por la pérdida de una maleta en un trayecto interurbano. En lugar de acudir a los tribunales, presenta la queja ante la Junta Arbitral del Transporte de su comunidad autónoma. Esta estudia el caso, escucha a ambas partes y dicta un laudo que obliga a la empresa a indemnizar al viajero.

Fig. 4. La creación de las Juntas Arbitrales responde a la necesidad de un sistema rápido, gratuito y especializado, que complemente la protección de los viajeros y evite la saturación de los tribunales ordinarios con conflictos de menor cuantía económica

A. Competencias y materias que conocen las Juntas Arbitrales del Transporte

Las **Juntas Arbitrales del Transporte** tienen un ámbito de actuación definido por la **LOTT** y su normativa de desarrollo. Su función no es genérica, sino que se limita a ciertos tipos de conflictos relacionados directamente con los contratos de transporte de mercancías y de viajeros.

Las competencias más destacadas de estas Juntas son las siguientes:

- **Reclamaciones de los viajeros contra los transportistas**: cuando un pasajero considera que la empresa ha incumplido el contrato, por ejemplo, por retrasos significativos, cancelaciones, denegación de embarque, pérdida o deterioro de equipaje.
- **Conflictos sobre el precio del servicio**: desacuerdos respecto al importe del billete, aplicación de descuentos o devolución en caso de cancelación.
- **Incumplimientos contractuales**: cuando el servicio no se presta en las condiciones pactadas (trayecto, horario, accesibilidad, asignación de plaza).
- **Indemnizaciones por daños y perjuicios**: reclamaciones derivadas de accidentes, desperfectos en equipajes u otros perjuicios imputables al transportista.
- **Conflictos entre empresas de transporte y entidades contratantes**: en servicios discrecionales o colectivos (por ejemplo, un colegio que reclama a la

empresa de autobuses por no haber cumplido el itinerario contratado).

Con respecto a los límites de cuantía:

- Generalmente, las Juntas Arbitrales conocen de **conflictos de menor cuantía económica** (hasta un límite que fija la normativa, en muchos casos 15.000 €).
- Si la reclamación supera esa cantidad, el asunto debe tramitarse por la vía judicial ordinaria.
- Sin embargo, las partes pueden acudir voluntariamente a la Junta incluso para reclamaciones de cuantía mayor, siempre que exista acuerdo expreso.

Las Juntas no pueden resolver:

- Conflictos de naturaleza penal (por ejemplo, lesiones derivadas de un accidente).
- Reclamaciones que impliquen cuantías superiores a los límites establecidos, salvo aceptación expresa de las partes.
- Materias ajenas al contrato de transporte, como disputas laborales o fiscales de las empresas.

Ejemplo

Un pasajero interpone una reclamación porque la empresa no le reembolsa el billete tras la cancelación de un viaje por causas imputables al transportista. La cuantía reclamada es de 35 €. La Junta Arbitral admite el caso, analiza la documentación y dicta un laudo que obliga a la empresa a devolver el importe.

La competencia de las Juntas se centra en **resolver conflictos prácticos y frecuentes** en el transporte, evitando que los usuarios tengan que acudir a un proceso judicial costoso y lento para asuntos de cuantías reducidas.

B. Procedimiento y ventajas del sistema arbitral de transporte

El funcionamiento de las **Juntas Arbitrales del Transporte** se basa en un procedimiento diseñado para ser sencillo, gratuito y accesible, de modo que los usuarios del transporte (viajeros individuales, empresas contratantes o incluso los propios transportistas) puedan resolver sus conflictos sin necesidad de acudir a los tribunales.

El proceso habitual sigue una serie de pasos básicos:

1. **Presentación de la reclamación**: el viajero o la parte interesada presenta su queja por escrito ante la Junta competente, indicando los hechos, el transportista implicado y la cantidad reclamada.
2. **Admisión a trámite**: la Junta analiza si la reclamación entra dentro de su ámbito de competencia (materia y cuantía).
3. **Traslado a la otra parte**: se comunica al transportista (o al viajero, según el caso) para que pueda responder a la reclamación.
4. **Audiencia**: ambas partes pueden ser convocadas para exponer sus argumentos y aportar pruebas.
5. **Emisión del laudo arbitral**: la Junta dicta una resolución vinculante que debe cumplirse en los mismos términos que una sentencia judicial.

El arbitraje en materia de transporte presenta varias ventajas frente a la vía judicial:

- **Gratuidad**: el procedimiento no tiene coste para las partes, lo que lo convierte en un instrumento accesible para reclamaciones de bajo importe.
- **Rapidez**: los plazos son mucho más breves que en la jurisdicción ordinaria, resolviendo conflictos en semanas o pocos meses.
- **Especialización**: las Juntas están formadas por personal con conocimientos técnicos y jurídicos en transporte, lo que garantiza decisiones ajustadas a la realidad del sector.
- **Simplicidad**: el viajero no necesita abogado ni procurador, lo que facilita el acceso incluso a personas con pocos conocimientos jurídicos.

- **Fuerza ejecutiva**: el laudo arbitral tiene la misma eficacia que una sentencia firme, y puede ejecutarse judicialmente si una de las partes incumple.

Ejemplo

Un viajero presenta ante la Junta Arbitral una reclamación por 120 € tras la pérdida de su equipaje en un trayecto interurbano. El procedimiento se tramita sin necesidad de abogado, la empresa de autobuses presenta sus alegaciones y, tras la audiencia, la Junta dicta un laudo que obliga al transportista a indemnizar al pasajero. Todo el proceso se resuelve en menos de dos meses, sin coste alguno para el reclamante.

El arbitraje en transporte es un mecanismo **ágil, gratuito y especializado**, pensado para proteger de manera efectiva los derechos de los viajeros y dar seguridad jurídica a los transportistas, al ofrecer una vía alternativa a los tribunales para resolver conflictos de manera rápida y definitiva.

Resumen

El contrato de transporte de viajeros por carretera se basa en un equilibrio entre derechos y obligaciones de las partes contratantes. El transportista, como prestador del servicio, asume la obligación principal de trasladar al viajero en condiciones de seguridad, puntualidad y legalidad. A cambio, goza de derechos que garantizan la viabilidad económica del servicio, como percibir el precio del billete, exigir la presentación del título de transporte o establecer normas básicas de convivencia a bordo.

El viajero, como destinatario del servicio, se sitúa en una posición de protección reforzada por la normativa nacional y europea. Dispone de derechos fundamentales como ser transportado con seguridad, recibir información clara y accesible, no sufrir discriminación, obtener compensación por retrasos o cancelaciones y reclamar frente a incumplimientos. Sin embargo, también debe cumplir obligaciones esenciales: pagar el precio del transporte, conservar y presentar el billete, respetar las normas de seguridad y convivencia, y acatar las instrucciones del personal del transportista.

El contrato se sostiene sobre un principio de reciprocidad contractual, por el cual cada derecho reconocido a una de las partes se corresponde con una obligación de la otra. Así, el derecho del transportista a cobrar el precio se vincula con la obligación del viajero de pagarlo, mientras que el derecho del viajero a ser transportado en condiciones adecuadas se corresponde con la obligación del transportista de garantizarlo.

Además, tanto viajero como transportista comparten ciertos deberes comunes, derivados del principio de buena fe contractual y de la naturaleza pública del transporte. Entre ellos se incluyen el respeto al contrato y sus condiciones, la colaboración en situaciones de emergencia y la preservación de la seguridad y la convivencia durante el viaje.

La normativa ofrece mecanismos específicos para reforzar la protección del pasajero y resolver conflictos. Entre ellos destacan las Juntas Arbitrales del Transporte, órganos administrativos especializados que resuelven reclamaciones de forma gratuita, rápida y vinculante. Sus decisiones, llamadas laudos arbitrales, tienen la misma fuerza que una sentencia judicial y permiten al viajero obtener compensaciones sin necesidad de acudir a un proceso judicial ordinario.

En conjunto, la identificación de derechos y obligaciones en el contrato de transporte de viajeros garantiza la seguridad jurídica y la confianza en el servicio, asegurando que se desarrolle como una actividad equilibrada, accesible y conforme al interés general.

Glosario

Accesibilidad

Derecho de las personas con discapacidad o movilidad reducida a utilizar el transporte en igualdad de condiciones, con adaptaciones y asistencia previstas en la normativa.

Compensación

Indemnización económica o prestación sustitutoria reconocida al viajero en caso de incumplimiento del contrato por parte del transportista (retrasos, cancelaciones, pérdida de equipaje).

Derechos del transportista

Facultades reconocidas al prestador del servicio, como percibir el precio del billete, exigir la presentación del título de transporte o mantener el orden y la seguridad a bordo.

Derechos del viajero

Conjunto de garantías reconocidas al pasajero, como el derecho a ser transportado con seguridad, recibir información clara, no sufrir discriminación y reclamar compensaciones en caso de retrasos, cancelaciones o incidencias.

Juntas Arbitrales del Transporte

Órganos administrativos especializados creados por la LOTT para resolver de forma rápida, gratuita y vinculante los conflictos derivados de los contratos de transporte.

Laudo arbitral

Resolución dictada por una Junta Arbitral del Transporte que tiene la misma fuerza ejecutiva que una sentencia judicial firme.

No discriminación

Principio jurídico que impide un trato desigual al viajero por motivos personales o sociales, garantizando la igualdad de acceso al transporte.

Obligaciones del transportista

Deberes esenciales del transportista, como realizar el trayecto en las condiciones pactadas, mantener los vehículos en condiciones técnicas adecuadas, garantizar la seguridad de los pasajeros y emitir un título de transporte válido.

Obligaciones del viajero

Deberes fundamentales del pasajero, como pagar el precio del billete, conservar y mostrar el título de transporte, respetar las normas de convivencia y cumplir con las medidas de seguridad (por ejemplo, uso del cinturón).

Reciprocidad contractual

Principio según el cual los derechos de una parte se corresponden con las obligaciones de la otra, asegurando el equilibrio del contrato.

Reclamación

Procedimiento mediante el cual el viajero exige el cumplimiento de sus derechos frente al transportista, ya sea ante la empresa, la Administración, una Junta Arbitral o los tribunales.

Seguridad en el transporte

Obligación del transportista de garantizar que el viaje se desarrolle sin riesgos indebidos, con vehículos en buen estado y conductores capacitados.

Ejercicios de autoevaluación

1. ¿Cuál es la obligación principal del transportista en el contrato de transporte de viajeros?

    a. Trasladar al viajero en condiciones de seguridad, puntualidad y legalidad.

    b. Ofrecer descuentos especiales.

    c. Facilitar transporte gratuito en ciertos casos.

    d. Conceder la libre elección de asiento.

2. ¿Qué derecho básico asiste siempre al transportista?

    a. Rechazar a cualquier pasajero por cualquier motivo.

    b. Percibir el precio del servicio contratado.

    c. Modificar unilateralmente el itinerario.

    d. Establecer tarifas sin control administrativo.

3. ¿Cuál de las siguientes es una obligación esencial del viajero?

    a. Exigir la devolución del billete en cualquier caso.

    b. Dirigir el servicio de transporte en ausencia del conductor.

    c. Reclamar siempre compensación económica.

    d. Conservar y presentar el título de transporte durante el viaje.

4. El derecho del viajero a ser transportado en condiciones de seguridad se corresponde con la obligación del transportista de:

    a. Emitir títulos de transporte válidos.

    b. Mantener los vehículos en condiciones técnicas adecuadas.

    c. Negar el acceso a pasajeros sin billete.

    d. Cobrar la tarifa autorizada.

5. ¿Cuál es un ejemplo de obligación de convivencia del viajero?

a. Presentar quejas por escrito.

b. Mantener un comportamiento adecuado dentro del vehículo.

c. Solicitar cambios en la ruta.

d. Pedir revisiones técnicas de los autobuses.

6. ¿Qué principio regula la relación entre derechos y obligaciones de las partes?

a. Principio de voluntariedad.

b. Principio de subsidiariedad.

c. Principio de reciprocidad contractual.

d. Principio de gratuidad.

7. ¿Qué órgano especializado resuelve reclamaciones de los pasajeros frente a los transportistas?

a. La Dirección General de Tráfico.

b. Los Tribunales de Primera Instancia.

c. Defensor del Pueblo.

d. Las Juntas Arbitrales del Transporte.

8. ¿Qué característica tienen los laudos dictados por las Juntas Arbitrales del Transporte?

a. Son recomendaciones no vinculantes.

b. Tienen la misma eficacia que una sentencia judicial firme.

c. Requieren aprobación de un juez para ser válidos.

d. Solo aplican a reclamaciones internacionales.

9. **¿Cuál de los siguientes es un derecho del viajero reconocido por la normativa europea del Reglamento UE 181/2011?**

   a. Decidir unilateralmente la tarifa.

   b. Cambiar el destino durante el viaje.

   c. Recibir asistencia gratuita en caso de discapacidad o movilidad reducida.

   d. Imponer sanciones al transportista.

10. **En caso de retraso o cancelación imputable al transportista, el viajero tiene derecho a:**

    a. Recibir compensación o reembolso, según lo previsto en la normativa.

    b. Solicitar siempre transporte gratuito futuro.

    c. Negar el pago del billete de forma automática.

    d. Exigir un transporte privado alternativo sin coste adicional.

Aplicaciones prácticas

Aplicación práctica 1. Incumplimiento del contrato

U. A. 1. Conocimiento del contrato de transportes: ideas generales

Una empresa concesionaria de transporte interurbano presta un servicio regular entre dos ciudades cercanas. En varias ocasiones, los pasajeros han presentado quejas porque los autobuses salen con retrasos de más de 30 minutos y, en determinados trayectos, no se han respetado las paradas intermedias previstas en la concesión.

Algunos viajeros han solicitado la devolución del importe del billete y otros han acudido a la Junta Arbitral del Transporte para reclamar compensaciones. La empresa argumenta que los retrasos se deben a obras en la carretera y que las paradas se han omitido para ganar tiempo.

Completa la siguiente tabla con una propuesta de actuación para cada una de las situaciones observadas:

Aspecto a analizar	Situación observada	Propuesta de actuación
Cumplimiento del contrato	Retrasos de más de 30 minutos y supresión de paradas autorizadas	
Derechos de los viajeros	Solicitan devolución del importe y compensaciones	
Obligaciones del transportista	Cumplir con itinerarios y horarios fijados en la concesión	
Intervención de la Junta Arbitral	Reclamos presentados por los usuarios afectados	

Aplicación práctica 2. Uso indebido del título de transporte

U. A. 2. Explicación de los elementos del contrato

Una empresa de transporte urbano detecta que varios usuarios viajan utilizando abonos mensuales nominativos pertenecientes a otras personas. En una inspección, el revisor encuentra que un viajero utiliza el abono de su hermano para desplazarse, lo que supone un incumplimiento de las normas de uso. El pasajero alega que ya había pagado varios billetes individuales ese mes y que no ve justo comprar otro abono.

La empresa decide imponer una sanción económica y retirar temporalmente el derecho del usuario a beneficiarse de títulos bonificados. El viajero, en desacuerdo, plantea que debería reconocerse su derecho a acceder al transporte porque el trayecto ya estaba cubierto por un título válido, aunque no a su nombre.

- ¿Qué obligación incumplió el viajero en relación con el título de transporte?
- ¿Qué derecho tiene la empresa transportista frente a este tipo de conductas?
- ¿Qué vías de reclamación podría utilizar el viajero si no está conforme con la sanción?
- ¿Qué principio de la LOTT se ve directamente relacionado con este conflicto?

Aplicación práctica 3. Gestión de reclamaciones

U. A. 2. Explicación de los elementos del contrato

Una asociación cultural contrata un autobús discrecional para trasladar a 45 personas desde su sede hasta un museo situado en otra ciudad. El contrato colectivo fija la salida a las 9:00 y la llegada a las 11:00, con un precio global de 600 €.

El día del viaje, el autobús sufre una avería en ruta y llega al destino con dos horas de retraso, lo que impide al grupo realizar la visita guiada programada. La asociación presenta una reclamación al transportista.

Se plantean tres escenarios posibles:

1. La empresa transportista no ofrece compensación porque la avería constituye un supuesto de fuerza mayor, ajeno a su voluntad.
2. La empresa transportista devuelve íntegramente los 600 €, al considerar que el retraso impidió disfrutar de la actividad prevista.
3. La empresa transportista ofrece una devolución parcial, argumentando que el servicio de transporte sí se realizó, aunque con retraso.

Aplicación práctica 4. Actuación incorrecta

U. A. 3. Identificación de los derechos y obligaciones de los contratantes

Una empresa concesionaria de transporte interurbano explota la línea regular entre dos localidades vecinas. Según la autorización administrativa, el precio del billete sencillo está fijado en 2,50 €.

Durante una inspección, se detecta que el conductor cobra 3,00 € a los viajeros, alegando que así cubre el incremento del combustible. La empresa justifica que el ajuste es necesario para mantener la rentabilidad del servicio.

¿Dónde está el error en la actuación de la empresa transportista? Argumenta tu respuesta.

Ejercicio de evaluación final

1. ¿Qué derecho básico tiene el transportista frente al viajero?

    a. Reclamar subvenciones.

    b. Percibir el precio del servicio.

    c. Modificar unilateralmente el destino.

    d. Denegar todo equipaje.

2. ¿Qué obligación principal asume el viajero?

    a. Presentar un contrato colectivo.

    b. Pagar el billete o título de transporte.

    c. Revisar el estado del vehículo.

    d. Dirigir el trayecto.

3. ¿Qué ocurre si el viajero se comporta de manera violenta?

    a. El viaje continúa con normalidad.

    b. Se resuelve el contrato automáticamente por el viajero.

    c. Debe pagar una tarifa superior.

    d. El transportista puede negarle el acceso o expulsarlo.

4. ¿Qué derecho tiene en tanto transportista como viajero en caso de incumplimiento?

    a. Exigir el cumplimiento o reclamar compensaciones.

    b. Solicitar un billete extra.

    c. Suspender la normativa de transporte.

    d. Delegar el viaje a un tercero.

5. ¿Cuál es el organismo especializado en resolver conflictos en materia de transporte?

   a. El Tribunal Supremo.

   b. La Agencia Tributaria.

   c. Las Juntas Arbitrales del Transporte.

   d. El Ministerio del Interior.

6. ¿Qué carácter tienen los laudos de las Juntas Arbitrales?

   a. Orientativo.

   b. Vinculante y ejecutable como una sentencia.

   c. Provisional.

   d. Únicamente consultivo.

7. ¿Qué ventaja principal ofrecen las Juntas Arbitrales frente a la vía judicial?

   a. Gratuidad y rapidez del procedimiento.

   b. Siempre favorecen al transportista.

   c. Permiten saltarse la normativa.

   d. Anulan la necesidad de billete.

8. ¿Qué documento debe portar el transportista en un contrato discrecional colectivo?

   a. Abono mensual.

   b. Contrato o hoja de ruta.

   c. Carné de viajero frecuente.

   d. Billete sencillo.

9. ¿Cuál de estas NO es una obligación del transportista?

    a. Garantizar la seguridad.

    b. Emitir billete válido.

    c. Mantener los vehículos en condiciones.

    d. Pagar el precio del viaje.

10.¿Qué derecho básico tiene el viajero en caso de cancelación de un servicio imputable al transportista?

    a. Cambiar de conductor.

    b. Reclamar reembolso o compensación.

    c. Elegir un nuevo destino gratuito.

    d. Reclamar sanción a otro pasajero.

11.¿Qué tipo de servicio se caracteriza por su continuidad, itinerarios y tarifas autorizadas?

    a. Servicio discrecional.

    b. Servicio turístico.

    c. Servicio internacional exclusivo.

    d. Servicio regular.

12.¿Qué requisito del consentimiento protege frente a coacciones o engaños?

    a. Coincidencia de voluntades.

    b. Voluntariedad.

    c. Capacidad legal.

    d. Título de transporte.

13.¿Qué condición garantiza que el objeto del contrato esté definido con claridad?

a. Licitud.

b. Posibilidad.

c. Determinación o determinabilidad.

d. Buena fe.

14.¿Qué obligación común comparten transportista y viajero?

a. Emitir títulos de transporte.

b. Actuar con buena fe durante la ejecución del contrato.

c. Revisar el motor del vehículo.

d. Organizar las rutas de forma conjunta.

15.¿Qué derecho tienen las personas con discapacidad según el Reglamento (UE) 181/2011?

a. Billetes gratuitos para acompañantes siempre.

b. Elegir asiento preferente sin reserva.

c. No pagar impuestos.

d. Accesibilidad al servicio y transporte gratuito de equipos de movilidad.

16.¿Qué obligación tiene el viajero respecto al equipaje?

a. Colocarlo en los espacios habilitados y no interferir en la seguridad.

b. Exigir revisión mecánica previa.

c. Transportarlo en cabina sin restricciones.

d. Declarar su contenido ante el conductor.

17. ¿Qué derecho tiene el transportista frente a viajeros sin título válido?

a. Obligarles a bajar sin más.

b. Exigir la regularización del pago o denegar el servicio.

c. Mantenerles a bordo como sanción.

d. Cobrar un precio simbólico.

18. ¿Cuál de estas funciones corresponde al billete además de permitir el viaje?

a. Controlar el consumo del motor.

b. Función probatoria, informativa y de control administrativo.

c. Certificar el domicilio del viajero.

d. Acreditar la nacionalidad.

19. ¿Qué obligación tiene el transportista en caso de emergencia?

a. Prestar asistencia inmediata y garantizar la seguridad de los pasajeros.

b. Suspender la normativa.

c. Devolver el precio automáticamente.

d. Trasladar a todos a un nuevo destino.

20. ¿Qué principio de la LOTT asegura que todos los usuarios reciban el servicio sin tratos arbitrarios?

a. Principio de publicidad.

b. Principio de continuidad.

c. Principio de igualdad y no discriminación.

d. Principio de flexibilidad contractual.

Solucionario

U. A. 1. Conocimiento del contrato de transportes: ideas generales

1. d		**6.** b	
2. c		**7.** b	
3. c		**8.** c	
4. d		**9.** c	
5. a		**10.** a	

U. A. 2. Explicación de los elementos del contrato

1. d		**6.** c	
2. a		**7.** d	
3. b		**8.** c	
4. b		**9.** c	
5. a		**10.** c	

U. A. 3. Identificación de los derechos y obligaciones de los contratantes

1. a		**6.** c	
2. b		**7.** d	
3. d		**8.** b	
4. b		**9.** c	
5. b		**10.** a	

Bibliografía

Legislación

Ley 16/1987, de 30 de julio, de Ordenación de los Transportes Terrestres.

Real Decreto 1211/1990, de 28 de septiembre, por el que se aprueba el Reglamento de la Ley de Ordenación de los Transportes Terrestres.

Reglamento (CE) No 1073/2009 del Parlamento Europeo y del Consejo de 21 de octubre de 2009 por el que se establecen normas comunes de acceso al mercado internacional de los servicios de autocares y autobuses y por el que se modifica el Reglamento (CE) no 561/2006

Reglamento (CE) nº 1370/2007 del Parlamento Europeo y del Consejo, de 23 de octubre de 2007, sobre los servicios públicos de transporte de viajeros por ferrocarril y carretera y por el que se derogan los Reglamentos (CEE) nº 1191/69 y (CEE) nº 1107/70 del Consejo.

Reglamento (UE) nº 181/2011 del Parlamento Europeo y del Consejo, de 16 de febrero de 2011, sobre los derechos de los viajeros de autobús y autocar y por el que se modifica el Reglamento (CE) nº 2006/2004.

Webgrafía

Derechos de los pasajeros

https://www.transportes.gob.es/transporte-terrestre/derechos-de-los-pasajeros

Derechos de los viajeros de autobús y autocar en la Unión Europea

https://www.transportes.gob.es/transporte-terrestre/derechos-de-los-pasajeros/derechos-de-los-viajeros-de-autobus-y-autocar-en-la-union-europea

Derechos de pasajeros que viajan en el interior de la UE o desde la UE en autobús

https://administracion.gob.es/pag_Home/Tu-espacio-europeo/derechos-obligaciones/ciudadanos/viajes/pasajeros/autobus.html

Juntas Arbitrales del Transporte

https://www.transportes.gob.es/transporte-terrestre/servicios-al-transportista/juntas-arbitrales/juntas-arbitrales-del-transporte-funcionamiento

Obligaciones por parte de los y las transportistas

https://www.interior.gob.es/opencms/es/servicios-al-ciudadano/tramites-y-gestiones/extranjeria/control-de-fronteras/obligaciones-por-parte-de-los-transportistas/

Viajero sin billete: Existe contrato de transporte

https://elderecho.com/viajero-sin-billete-existe-contrato-transporte